KB057174

GEN Z 인문학

디지털 네이티브를 위한 교양 수업

디지털 네이티브를 위한 교양 수업

GEN Z 인문학

초판 1쇄 인쇄 2023년 5월 9일
초판 1쇄 발행 2023년 5월 16일

지은이 김성연(우디)

대표 장선희 **총괄** 이영철
책임편집 한이슬 **기획편집** 현미나, 정시아 **교정교열** 조유진
책임디자인 최아영 **디자인** 김효숙
마케팅 최의범, 임지윤, 김현진, 이동희
경영관리 김유미

펴낸곳 서사원 **출판등록** 제2021-000194호.
주소 서울시 영등포구 당산로 54길 11 상가 301호
전화 02-898-8778 **팩스** 02-6008-1673
이메일 cr@seosawon.com
네이버 포스트 post.naver.com/seosawon
페이스북 www.facebook.com/seosawon
인스타그램 www.instagram.com/seosawon

ⓒ김성연, 2023

ISBN 979-11-6822-173-4 03330

서사원은 독자 여러분의 책에 관한 아이디어와 원고 투고를 설레는 마음으로 기다리고 있습니다.
책으로 엮기를 원하는 아이디어가 있는 분은 이메일 cr@seosawon.com으로 간단한 개요와 취지,
연락처 등을 보내주세요. 고민을 멈추고 실행해 보세요. 꿈이 이루어집니다.

GEN Z 인문학

디지털 네이티브를 위한 교양 수업

#에코챔버   #챗GPT   #사이버 불링

#브랜드 액티비즘   #다크 패턴

GEN Z
GEN Z
GEN Z
GEN Z

김성연〈우디〉 지음

서사원

들어가며

우리의 하루는 시끄럽게 울리는 알람을 끄기 위해 휴대폰에 손을 대는 것부터 시작됩니다. 눈을 비비며 밤사이 SNS에 업데이트된 친구들의 이야기에 '좋아요'를 누르거나 댓글을 씁니다. 버스가 오는 시간을 미리 확인하고, '단톡방'에서 친구들과 대화를 나눕니다. '유튜브'에서 최애 아이돌의 '직캠'을 감상하기도 하죠. 이처럼 휴대폰 액정 위로 펼쳐지는 디지털 기술들은 삶을 편리하고 풍요롭게 만들어 줍니다. 그런데 이렇게 편리한 디지털 경험들에 좋은 점만 있을까요?

저는 약 10년간 IT 분야에서 다양한 디지털 경험을 설계하고 디자인하는 일을 해 왔습니다. 미국과 캐나다에 사는 Z세대들이 사진을 멋지게 꾸며서 SNS에 쉽게 업로드할 수 있는 '그라픽'이라는 앱과 집중력 향상에 도움이 되는 포모도로 기법(25분 집중, 5분 휴식을 반복하는 방법)을 디지털화한 앱인 '포커스 키퍼',

잠든 사이 내 수면을 스마트폰으로 쉽고 정확하게 분석할 수 있는 '슬립루틴'이라는 앱이 제가 참여한 대표적인 작품입니다. 저는 이러한 디지털 경험을 만드는 과정에서 디자인이 아름다움을 넘어 사람들에게 더 복잡한 영향을 끼친다는 사실을 알게 되었습니다. 사람들의 재방문율이 중요한 서비스일수록 제작자는 앱에 중독적인 요소를 녹여서 디자인합니다. 소셜 미디어의 페이지를 새로고침할 때 계속해서 랜덤한 이미지를 보여 주거나, 콘텐츠가 끝나면 다음 화로 자동 재생되는 스트리밍 서비스 등이 대표적입니다.

디지털 서비스는 사용자의 중독이나 심리적인 건강보다 회사의 이익을 더 중점적으로 생각합니다. 이를 기획하고 디자인하는 사람들은 아동심리학자가 아닌 저 같은 평범한 사람들입니다. 여러분이 평소에 즐겨 사용하는 인스타그램이나 유튜브 같은 세계적인 서비스들 역시 크게 다르지 않겠죠. 저는 이런 측면에서 여러분이 디지털 세상을 살아가며 표면 아래의 현상을 이해하는 데 조금이나마 보탬이 되길 바라며 이 책을 썼습니다.

첫 번째 챕터 '우리의 삶이 누군가에 의해 디자인되고 있다고?'는 실리콘밸리 전문가들이 말하는 디지털 중독의 위험성에서부터 시작합니다. 데이터 수집, 다크패턴, 넷플릭스 등의 예시를 통해 나도 모르게 설계된 디지털 세상의 이면을 다룹니다. 이 챕터의 목표는 여러분이 일상에서 자연스럽게 맞닥뜨리는 디지털 경험을 문제로 인식하는 것입니다.

　두 번째 챕터 '디지털 세상은 우리 삶을 어떻게 디자인할까?'는 조금 더 세상으로 축을 이동합니다. 그리고 디지털 세상에서 실제로 일어나고 있는 복잡한 사건들을 살펴봅니다. AI가 판단하는 아름다움의 위험에서 시작해 우리 삶에 깊숙이 들어온 쇼츠 콘텐츠를 비판적으로 살펴봅니다. 디지털 학교 폭력인 사이버불링과 메타버스 속 윤리적인 문제, 가짜 뉴스 등 최근 심각해진 사건들을 살피며 비판적 사고를 더 날카롭게 하는 것이 목표입니다.

　세 번째 챕터인 '매일 더 완벽해지는 디지털 세상'은 디지털 세상을 설계하는 사람들 속으로 이동합니다. SNS에 녹아든 중독성을 심리학적으로 접근해 살펴봅니다. 이를 통해 우리가 SNS에서 보내는 시간 뒤에 숨은 복잡한 원리를 파악해 디지털 세상을 주도적으로 살아가는 힘을 기르는 것이 목표입니다.

　네 번째 챕터인 '디자인으로 디지털 세상 읽기'는 디지털 기술로 인해 빠르게 변화하는 세상에서 우리가 놓치고 있는 것들을 돌아보는 것이 목표입니다. AI가 그린 그림이 미술대회에서 우승한 사건, 아무 기능도 없는 휴대폰을 입체적인 시각으로 바라봅니다.

다섯 번째 챕터인 '바위 같은 완벽한 디지털 세상을 내리치는 달걀들'은 디지털 세상에서 일어나고 있는 긍정적인 현상들을 살펴봅니다. 정보 약자를 배려한 디지털 디자인과 윤리 의식을 탑재한 브랜드를 살펴보며 앞으로 나아갈 방향을 함께 찾아보는 것이 목표입니다.

마지막 챕터인 '완벽한 디지털 세상에서 우리가 할 수 있는 것들'은 디지털 공해로부터 나 자신을 보호하는 현실적인 방법에서 시작해 인간을 위해 탄생한 새로운 기술들을 살펴봅니다. 더 나은 미래로 한 걸음을 떼며 책을 덮는 것이 목표입니다.

이 책을 통해 다양한 미디어 중독에서 스스로를 보호하고 세상을 건강하게 비판할 수 있는 사람으로 성장하길 진심으로 기대합니다.

차례

Chapter 1

우리의 삶이 소수에 의해 디자인되고 있다고?

Chapter 6

완벽한 세상에서 우리가 할 수 있는 것들

Chapter 1

실리콘밸리 전문가들의 경고

마이크로소프트 설립자인 빌 게이츠는 자녀들의 IT 기기 사용을 제한한다고 합니다. 만 14세가 될 때까지 휴대폰을 사 주지 않고, 식사 자리에 휴대폰을 가져오지 못하게 하는 것입니다. 구글의 CEO 순다 피차이는 한술 더 떠 아이들이 TV 보는 시간을 엄격히 통제한다고 합니다. 지금은 고인이 된 애플의 전 CEO 스티브 잡스조차 새로운 아이패드가 출시됐을 때 자녀들의 사용을 금지했다는 사실을 한 인터뷰에서 밝힌 바 있습니다. 이외에도 실리콘밸리에서 활약하는 많은 CEO가 비슷한 모습을 보이고 있습니다. 아이러니하지 않나요? 이들은 우리가 매일 접하는 애플리케이션, 디지털 기기 들을 직접 만든 장본인입니다.

인간의 뇌는 청소년 시절에는 아직 미성숙합니다. 특히 뇌의 전두엽은 눈앞의 사안을 신중하게 판단해 성숙한 의사 결정을 하도록 돕는데, 뇌의 다른 영역에 비해 성장이 느립니다. 그런데 중독적인 디지털 경험은 자극적인 대상을 조절하기 힘든 청소년기의 뇌를 더 민감하고 감정적인 상태로 만듭니다.

　　주말에 유튜브나 틱톡을 보다 눈 깜짝할 새 서너 시간이 훌쩍 가 버린 경험이 있을 거예요. 우리가 매일 사용하는 인스타그램, 트위터, 유튜브의 다양한 기능은 인간의 나약한 심리를 고려해 설계되었기 때문입니다. 스마트폰을 사용하다 갑자기 친한 친구가 SNS에서 나를 태그했다는 알람을 받으면 어떤 생각이 드나요? 과연 우리가 그 알람을 쉽게 무시할 수 있을까요? 아마 생각보다 더 어려울 것입니다. 인간은 사회적 관계를 중심으로 진화해 왔고, 어떤 정보에서 자신만 소외되는 것을 무척이나 두려워하기 때문이에요.

　　이러한 두려운 감정을 '포모Fomo, Fear Of Missing Out 증후군'이라고 합니다. 친구가 주말에 어떤 맛집을 갔는지, 어떤 정보를 공유했는지 등의 정보에서 소외되지 않을까 두려운 감정이 모두 포모증후군의 원인이 될 수 있습니다. 디지털 전문가들은 SNS가 전 세계적으로 확산된 가장 큰 이유를 여기에서 찾기도 합니다. 그런데 포모증후군은 디지털 경험을 설명하는 데 아주 작은 요소에 불과합니다. 이 책에 등장하는 다양한 디지털 경험들은 여러분이 큰 고민 없이 곧바로 행동하도록 부추깁니다. 우리 뇌가 계속해서 이러한 자극을 받으면 어떤 사안에 대해 깊이 생각해서 합리적으로 행동하는 능력이 약해질 가능성이 커집니다. 지금부터는 영아와 청소년들의 스마트폰 사용을 제한하는 다양한 상황에 관해 살펴보도록 하겠습니다.

2019년도에는 세계보건기구WHO에서 2~4세 어린이가 스마트폰을 한 시간 이상 사용해서는 안 된다는 지침을 마련했어요. 더불어 1세 이하 영아들은 아예 디지털 기기에 노출되는 상황을 제한했습니다.

프랑스는 법에 따라 15세까지의 학생들이 스마트폰을 소지한 채 등교할 수 없습니다. 프랑스 교육부 장관은 이러한 제약으로 청소년들의 스마트폰 중독과 유해 정보에 대한 접근을 막겠다는 의지를 보이기도 했습니다.

우리와 가까운 나라인 대만 역시 2세 이하 영아들의 디지털 기기 사용을 법적으로 금지했고, 18세 미만의 청소년이 디지털 기기를 지나치게 사용할 경우 부모에게 벌금을 부과하는 법을 마련했습니다.

우리나라의 경우 2011년에 청소년의 게임 중독을 예방하기 위해 자정부터 오전 6시까지 인터넷 게임 접속을 금지하는 '게임 셧다운제'가 시행되었으나 청소년의 자율권 침해 문제와 게임 환경이 PC에서 모바일로 변화하는 시대의 흐름에 근거해 2022년에 폐지되었습니다.

미국 캘리포니아의 실리콘밸리에서 세계적인 앱을 만드는 개발자 학부모들 역시 대체로 자녀들의 디지털 기기 사용에 반대하는 분위기입니다. 실리콘밸리에는 애플과 구글, 메타, 넷플릭스 같은 누구나 알 만한 회사들이 모여 있습니다. 실리콘밸리에서 개발자로 일하는 학부모들은 연봉이 높은 편이죠. 그런데 뉴욕의 일간지 《뉴욕타임스》에서 실리콘밸리의 고연봉 학부모를 둔 자녀들이 다니는 학교의 선호도를 조사했더니 흥미로운 결과가 나왔습니다. 기술과 디지털 기기를 수업에서 사용하지 않는 '월도프Waldorf 학교'의 순위가 높았던 거예요. 이곳의 고등학교 등록금은 한국 돈으로 약 4500만 원가량으로 매우 비쌉니다.

이 이야기를 보니 궁금증이 생기지 않나요? 디지털 기술을 다루는 일을 하는 실리콘밸리의 학부모들이라면 기술과 가까운 학교에 아이들을 보내고 싶어 할 텐데 말이죠. 월도프는 공식 홈페이지에 디지털 기술이 집중력이 낮고 쉽게 산만해지는 세대를 만들고 있다고 비판합니다. 그리고 자신들의 교육은 기술과 기술이 아닌 것의 이분법에서 벗어나 학생들이 세계와 맺는 관계의 의미를 알아 가는 것에서부터 시작된다고 말합니다. 월도프의 아이들은 태블릿이 아닌 종이책으로 공부하고 있습니다. 더 나아가 악기를 연주하거나 친구들과 함께 춤추며 놀이하는 과정에서 스스로를 공동체의 일원으로 받아들이게 합니다.

기술이 발전할수록 인간은 더 인간적인 것을 좇아야 한다는 월도프의 철학이 인상적이지 않나요? 저는 기술이 급변하는 이 시대에 월도프에서 추구하는 관계 맺는 방식이 더 원시적이고 예술적으로 느껴져 무척 인상깊었습니다.

'도구'의 사전적 의미는 '어떤 목적을 이루기 위한 수단이나 방법'입니다. 대표적인 SNS인 인스타그램은 사진을 편하게 관리하고 친구와 일상을 공유하기 위한 도구에서 출발했습니다. 그런데 자극적이고 편리한 디지털 기술을 사용하다 보면 목적을 금세 잊어버리게 됩니다. 도구가 더 이상 도구가 아니게 되는 것이죠. 인류의 시간을 잡아먹는 괴물이 되어 버린 인스타그램을 다시 도구로 되돌리는 아이디어는 월도프 잔디밭에서 뛰어노는 아이들의 대화에서 찾을 수 있지 않을까요?

디지털 세상은 내가 오늘 어딜 갔고,
뭘 봤는지 모두 알고 있대!

이 책을 읽는 여러분 중에도 카공족(카페에서 오래 머물며 공부하는 사람들을 가리키는 신조어)이 있겠죠? 그런데 카페에서 와이파이에 무심코 접속하는 순간, 생각보다 더 많은 개인 정보를 남긴다는 사실도 알고 있나요? 카페에 들어가 주스를 주문하고 잠시 굿즈 코너에서 새로 나온 텀블러를 구경하다 음료를 가지고 자리에 간다고 가정해 봅시다. 이 찰나의 시간에 우리가 남기는 데이터는 다음과 같습니다.

- 카페에 방문한 시간
- 주문한 주스 종류
- 결제한 카드 종류

- 굿즈 코너에서 녹화된 CCTV 행동 데이터
- 카페에서 사용한 와이파이 연결 시간, 기기 정보 데이터

생각보다 어마어마하지 않나요? 카페는 이 데이터로 무엇을 할 수 있을까요? 우선 여러분이 평소 카페에 방문하는 시간을 예측할 수 있겠네요. 일주일 중 수요일 오후에 방문하는 경우가 많다고 가정해 볼게요. 카페에서 수요일 오전쯤 여러분에게 항상 즐겨 마시는 주스의 반값 쿠폰을 미리 앱으로 보낸다면 어떨까요? 더불어 내 취향과 비슷한 신메뉴까지 추천한다면 방문하고 싶은 마음이 훨씬 더 커지겠죠? 이렇게 수집된 데이터는 수요를 예측해 카페에 재방문하는 고객을 늘리는 용도로 활용될 수 있습니다. 우리의 흔적은 수치화된 데이터로 고스란히 데이터베이스에 남습니다.

우리나라의 이마트와 비슷한 미국의 대형마트 타깃Target에는 데이터와 관련된 흥미로운 일화가 있습니다. 어느 날, 한 남성이 타깃에서 화가 잔뜩 난 채로 소리를 지르고 있었습니다. 매니저가 남자를 말리며 자초지종을 들어 보니, 타깃에서 자신의 고등학생 딸에게 엄마를 대상으로 한 유아용품 할인쿠폰을 보내 불쾌감을 느낀 것이었습니다. 매니저는 전산 오류가 있었던 것 같

다며 사과하고 남자를 돌려보냈습니다. 그런데 며칠 뒤, 그 남자에게 전화가 왔습니다. 알고 보니 실제로 딸이 임신했다는 것입니다.

어떻게 타깃은 남자의 딸이 임신한 사실을 미리 알았을까요? 타깃에는 데이터의 의미를 분석하는 전문가들이 있습니다. 이들은 향이 나는 로션을 사던 여성이 갑자기 향이 없는 로션을 구매하거나 미네랄 영양제를 많이 구입하면 임신했을 확률이 높다고 봅니다. 아버지도 몰랐던 딸의 임신 사실을 타깃의 데이터 전문가들은 미리 알고 있었던 셈입니다.

여러분은 어떤가요? 저는 이 이야기가 현 시대를 잘 설명한다고 생각합니다. 현재 인터넷 세상에 존재하는 데이터의 90%는 불과 지난 10년 동안 생산된 것입니다. 데이터가 모이기 시작한 초기에는 지금처럼 정확한 예측 모델을 만들어 내지는 못했습니다. 예측 모델을 만들기 위해 충분한 데이터를 축적할 시간이 필요했던 것이죠. 현재는 다양한 분야에서 비교적 정확한 예측 모델이 활용되고 있습니다. 이러한 디지털 패러다임의 변화는 우리 삶에 여러모로 영향을 끼치기 시작했습니다. 몇 가지 예를 살펴보겠습니다.

가장 대표적인 분야는 패션 산업입니다. 특히 대중이 즐겨 찾는 스파SPA 브랜드(기획부터 생산, 유통 등 의류가 판매될 때까지의 전반적인 과정을 한 회사가 도맡아서 진행하는 패션 산업의 한 종류) 제품 대부분에는 RFIDRadio Frequency Identification라는 기술이 적용된 태그가 옷에 붙어 있습니다. 회사는 이 기술을 활용해 피팅룸으로 가져가는 상품의 종류와 그 상품이 실제로 판매되는지에 대한 데이터를 수집합니다. 디자이너라면 다음 시즌 제품 디자인에 이것을 참고하고, 상품 기획을 전문적으로 하는 MD라면 시기별로 잘 팔리는 옷에 따라 매장 내 디스플레이를 바꾸는 전략을 세우기도 합니다. 매장의 매니저라면 다른 매장 재고를 실시간으로 파악함으로써 재고 부담을 줄일 수도 있습니다.

요즘은 배달 앱으로 집에서도 간편히 다양한 음식을 주문합니다. 배달 앱은 여러분이 남긴 데이터를 활용해 음식의 도착 예상 시간을 맞출 수 있습니다. 이를 정확하게 예상하기 위해서는 몇 가지 시간 데이터가 필요합니다. 가게 주인이 주문받은 다음 조리에 걸리는 시간, 배달 대행 라이더가 음식을 가지러 가는 픽업 시간, 그리고 가게에서 우리 집까지 걸리는 배달 완료 시간 등입니다.

이러한 정확도는 부작용을 낳기도 합니다. 라이더의 이동이 모두 추적되기 때문입니다. 우리나라의 수많은 배달 앱은 빠른 배송을 위한 경쟁이 무척 치열합니다. 그러다 보면 라이더들의 노동 강도와 위험은 크게 높아질 수밖에 없습니다. 심지어 배달 앱들은 마치 게임과 같은 요소를 활용해 배달 시간이 빠르고 평이 좋은 라이더들을 상위 등급화하는 시스템까지 마련했습니다. 이것은 결국 라이더들끼리의 무한 경쟁으로 연결됩니다. 이러한 위험은 전 세계적인 문제로 퍼져 나가고 있습니다. 2017년도 통계에 따르면 중국 상하이에서는 라이더가 2.5일마다 한 명씩 사고로 숨졌다고 합니다. 안타깝게도 이들은 대부분 제대로 근로계약을 맺지 않은 미숙련 노동자입니다.

　이러한 사실을 알고 있다고 해서 우리가 거대한 디지털 세상의 파도를 모두 피할 수는 없습니다. 따라서 나라는 존재를 지키기 위한 저마다의 방식이 꼭 필요합니다. 그 첫걸음으로 이 책과 함께 나를 둘러싼 디지털 환경의 이면을 조금씩 이해하는 시도를 시작해 보면 어떨까요?

나도 모르게 가입된 사이트의 비밀: 다크 패턴 이야기

여러분은 모바일 서비스를 이용하다 의도치 않게 어떤 사이트에 회원 가입이 되거나 탈퇴가 어려워 내지 않아도 될 이용료를 아깝게 낸 적이 있나요? 보통 이런 일을 겪으면 내 잘못이라고 생각하기가 쉽죠. 하지만 이런 사례에는 굉장히 치밀한 제작자의 설계가 숨어 있답니다. 이처럼 사용자의 심리적 약점을 잡아 인터페이스를 복잡하게 디자인함으로써 부당한 이득을 얻는 것을 '다크 패턴Dark Patterns'이라고 합니다. 우리가 일상에서 자주 만나는 다크 패턴을 살펴볼까요?

① 숨겨진 비용

여행을 준비하며 숙소를 예약할 때, 홈 화면에 표시된 금액과 예약 절차를 마친 최종 숙박 가격이 눈에 띄게 다른 경우가 있습니다. 확인해 보면 처음 가격에 각종 수수료나 봉사비가 잔뜩 붙어 있죠. 이때 대부분의 사용자는 투자한 시간과 노력 때문에 귀찮지만 어쩔 수 없이 결제까지 하게 됩니다. 여기에 말도 안 되게 저렴한 숙박 광고 배너까지 더해지면 다크 패턴은 더 쉽게 소비자를 유혹하겠죠.

② 로치 모텔 Roach Motel

회원 가입은 쉬운데 탈퇴가 무척 어려운 다크 패턴입니다. 가입은 PC와 모바일 둘 다 가능한 반면, 탈퇴는 PC에서만 가능한 서비스가 종종 있어요. 이마저도 탈퇴 메뉴를 찾기 어렵게 깊숙이 숨겨 두거나 제대로 보이지 않게 해 두는 경우도 많습니다. 이럴 때는 탈퇴를 마음먹어도 갑자기 귀찮아져서 서비스 해지를 미루기도 합니다. 이런 다크 패턴을 마치 바퀴벌레를 잡기 위한 장치 같다고 해서 '로치 모텔'이라고 부릅니다.

③ 개인정보 쥬커링 Privacy zuckering

이 다크 패턴은 회원 가입 시 정보를 공유하는 과정에서 발생합니다. 약관을 읽기 위해 '자세히 알아보기' 버튼을 클릭하면 훨씬 더 복잡한 약관이 등장해요. 저 역시 이런 약관을 모두 꼼꼼히 읽어 보지 않습니다. 대체로 어마어마한 분량의 글에 질려 그냥 '내 정보 공유하기'를 클릭하게 되죠. 이때 예상보다 더 많은 양의 개인 정보가 공유되니 검증되지 않은 사이트에서는 정말 주의해야 합니다.

여러분은 혹시 앞서 소개한 세 가지 다크 패턴의 공통점을 발견했나요? 바로 귀찮거나 미루고 싶은 사람의 심리를 교묘하게 이용한다는 점입니다. 2021년, 한국소비자원의 조사에 따르면 국내에서 사용되는 100개의 앱 중 97%에서 한 개 이상의 다크 패턴이 발견됐다고 합니다. 세 개 이상의 다크 패턴이 적용된 앱은 35%로 가장 많았습니다. 국내에는 아직 다크 패턴에 관한 규제가 부족합니다. 다크 패턴이 소비자의 구매나 사용을 유도할 뿐이므로 법을 어겼다고 보기에는 모호하기 때문입니다. 앱 제작자들 역시 스스로 이러한 사용자 경험을 다크 패턴이라고 인지하지 못하는 것도 사실입니다. 하지만 한국소비자원은 이와 관련해 다음과 같이 설명하고 있습니다.

"다크 패턴은 공격적인 마케팅으로 볼 여지가 있으나, 소비자가 독립적인 구매 결정을 하지 못하도록 영향을 미친다는 점에서 기존의 마케팅 기법과 차이가 있음."

안타깝게도 온라인 플랫폼 시장이 발전함에 따라 다크 패턴은 점점 더 넓게 퍼지고 있습니다. 이러한 흐름에는 구독 경제, 즉 서비스나 물건을 소유하지 않고 잠시 빌리는 형태가 널리 활용되는 것도 큰 영향을 끼치고 있습니다. 최근 많이 나타나는 다크 패턴은 처음에는 서비스를 무료로 제공하다가 사용자 동의 없이 정기 결제를 하거나 결제 해지를 어렵게 하는 것입니다. 대부분의 소비자는 유료로 바뀌는 시점을 잘 파악하지 못하기 때문에 서비스 제공자는 이를 팝업이나 푸시 알림으로 정확히 안내해 줄 의무가 있지만 잘 시행되고 있지 않습니다.

그렇다면 다크 패턴 없이 사용자를 위하는 디자인을 할 수는 없을까요? 방법이 있습니다. 다크 패턴은 사용자에게 정확히 알려야 하는 정보의 중요도를 대체로 낮게 설정한 경우가 많습니다. 사용자의 서비스 무료 사용 기간이 끝나 간다고 해 보죠. 이때 대부분의 다크 패턴은 이 사실을 알려 주지 않습니다. 만약 '사용자 입장에서 불리한 정보'를 앱 푸시 알림으로 적극적으로 알려 주거나 서비스 내에서 시각적으로 강조해 주면 어떨까요?

예를 들어, "김젠지 님의 무료 사용 기간이 2일 남았어요."처럼 말이죠.

다른 사례를 하나 더 떠올려 봅시다. 많은 서비스가 사용자가 고민해야 할 사항들을 미리 결정해 주는 다크 패턴을 많이 사용합니다. 어떤 서비스에 가입할 때 서비스가 제공하는 뉴스레터에 자동으로 가입하게끔 토글 버튼(두 상태 중 하나를 선택하는 데 사용하는 키)에 'ON'이 된 경우가 있습니다. 이를 그냥 지나치면 사용자는 원치 않는 뉴스레터를 구독하게 되는 것이죠. 서비스 제공자들이 토글 버튼을 처음부터 OFF로 설정해 두면 어떨까요? 사용자의 편의를 위해 귀찮은 결정을 미리 해 주는 것도 좋지만, 이것이 회사의 이익과 연결된다면 되도록 사용자가 결정하도록 설계하는 것이 옳습니다. 서비스를 이용하는 사용자도 다크 패턴을 인식하고, 만드는 사람 역시 다크 패턴을 지양하려는 노력이 쌍방향으로 일어나야 합니다.

해외에서는 다크 패턴의 기준이 빠르게 마련되고 있습니다. 2021년 미국의 FTC(연방거래위원회, 우리나라의 공정거래위원회처럼 독점을 규제하고 불공정거래를 차단하는 미국의 경제 규제 기관)는 기업이 사용하는 다크 패턴에 관한 규제 성명을 발표했습니다. 해당 성명에는 앞에서 이야기한 자동 갱신 금지와 간편한 해지에 대한 내용이 주로 담겨 있습니다.

캘리포니아 소비자개인정보보호법CCPA은 소비자를 위해 다크 패턴을 금지했습니다. 해당 법에서는 소비자가 서비스에 가입할 때 제공하는 개인 정보를 기업이 판매할 수 없게 거부하는 권리가 주어져야 한다는 것을 강조합니다. 캘리포니아 소비자개인정보보호법을 어긴 서비스나 업체에는 약 30일간의 변경 기간이 주어지며 업체는 이 기간에 사용자 중심으로 인터페이스를 다시 설계해야 합니다.

지금까지 사람의 심리적인 사각지대를 이용해 서비스에만 이득이 되도록 인터페이스를 설계하는 다크 패턴에 관해 알아보았습니다. 여러분이 일상에서 다크 패턴을 파악하고 내 권리를 지킬 수 있는 사용자가 되기를 진심으로 바랍니다.

넷플릭스는 어떻게 내 마음을
정확히 아는 걸까?

—

넷플릭스는 세계에서 규모가 가장 큰 영상 스트리밍 서비스입니다. 앱에 들어가면 다양한 영화와 드라마 같은 콘텐츠들을 사각형의 섬네일 형태로 추천해 줍니다. 그런데 친구의 넷플릭스 첫 화면과 내 첫 화면에서 보이는 영화나 드라마가 다른 걸 본 적이 있을 거예요. 넷플릭스는 기본적으로 영상 스트리밍 서비스 회사지만 전 세계 2억 명의 시청 패턴을 바탕으로 콘텐츠를 추천하는 AI Artificial Intelligence 회사이기도 하기 때문입니다. 사용자들이 콘텐츠를 보는 시간과 패턴은 계속 축적돼 더 정확한 예측 모델을 만드는 데 사용됩니다. 여러분이 영상을 보다가 어디서 멈췄고, 어떤 장면을 반복해서 봤는지 같은 사소한 데이터까지 모두 넷플릭스의 손에 있습니다. 더불어 국가마다 선호하는 콘텐츠 유형을 파악해 제작 단계에서부터 반영함으로써 실패를 줄이는 수준까지 이르렀습니다.

지금부터는 이렇게 모은 데이터를 바탕으로 어떻게 서비스를 더 정교하게 발전시키는지 알아볼 텐데요, 그 중심에는 바로 A/B 테스트라는 것이 있습니다. A/B 테스트는 넷플릭스뿐 아니라 모바일 앱을 만드는 수많은 회사가 사용하는 제품 성장 방식입니다.

■ 소비자의 마음을 알아보는 A/B 테스트

예를 들어, 하루에 100명이 들어오는 서비스가 있다고 가정해 볼게요. 이때 어떤 버튼 색이 사용자들의 클릭률을 더 높이는지 실제 사용자를 대상으로 테스트할 거예요.

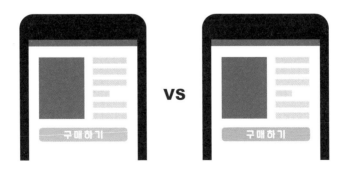

먼저 화면에 나오는 모든 요소는 같고 버튼 색만 다르게 설정했어요. 50명은 파란색 버튼이 있는 화면을, 나머지 50명은 녹색 버튼이 있는 화면을 보는 것이죠. 이때 클릭률이 더 좋은 버튼이 살아남으면서 화면은 조금씩 더 최적화되어 간답니다.

저처럼 사용자 경험을 설계하는 사람들은 이 실험으로 '버튼을 파란색으로 바꿨더니 클릭률이 20%에서 30% 높아졌구나.' 같은 것을 깨닫게 됩니다.

지금부터는 외국에서 진행된 실제 A/B 테스트 사례(출처: goodui.org)를 소개할게요. 사례를 보며 여러분이 사용하는 다양한 모바일 앱의 개발자들이 지금 이 시간에도 끝없이 A/B 테스트 중이라는 사실을 깨달았으면 합니다.

■ 넷플릭스 캐나다의 무료 시청 A/B 테스트

첫 사례는 넷플릭스 캐나다에서 진행한 가입 화면 테스트입니다. 가입 화면의 요소는 거의 같고 버튼 안의 글자만 '30일 무료 시청 후 가입'과 '무료 시청 없이 바로 결제'로 달랐습니다. 여러분은 둘 중 어떤 버튼의 클릭률이 더 높을 것 같나요? 저는 '30일 무료 시청 후 가입'의 클릭률이 훨씬 높을 거라 예상했습니다. 무료로 써 보다가 마음에 안 들면 탈퇴할 수 있기 때문이죠.

그런데 결과는 제 예상을 빗나갔습니다. 무료 시청 기간 없이 곧바로 결제하는 사람들의 비율이 훨씬 높았습니다. 이후 넷플릭스 캐나다는 무료 시청 없이 바로 결제하는 화면을 보여 주고 있습니다.

이 외에도 섬네일, 버튼에 삽입하는 문구, 페이지 구성 등 수많은 화면 요소가 A/B 테스트를 거쳐 만들어집니다. 무심코 지나친 화면들이 이러한 테스트를 거쳐서 나온 산물이라는 사실이 놀랍지 않나요?

■ 에어비앤비의 무한 스크롤 A/B 테스트

국내에서도 인기가 많은 에어비앤비는 세계 최대의 숙박 공유 서비스입니다. 에어비앤비 역시 끊임없이 A/B 테스트를 하는 서비스로 유명합니다. 사이트에 들어가면 내가 설정한 지역에서 현재 숙박이 가능한 장소의 섬네일이 뜹니다. 이때 첫 버전은 40곳만 먼저 보여 준 뒤 '더 보기' 버튼을 클릭해 40곳씩 추가하는 방식이었습니다. 다른 버전은 '더 보기' 없이 스크롤을 하는 만큼 무한으로 섬네일이 보이는 방식이었습니다. 이를 '무한 스크롤링'이라고 부릅니다. 결과는 '더 보기' 버튼이 없는 무한 스크롤링의 승리였습니다.

이러한 결과를 바탕으로 설계자들은 자연스레 추측합니다. '사람들은 '더 보기' 버튼을 누르는 것조차 귀찮아 한다.'는 것을 말이죠. 만약 여러분도 같은 생각이 들었다면 이미 사용자 경험을 설계하는 디자이너의 마음을 읽기 시작한 것입니다.

■ 월마트의 베스트셀러 배지 A/B 테스트

월마트는 미국의 대형 할인점으로 전 세계 종업원 수만 230만 명이 넘는 초대형 기업입니다. 우리나라로 치면 이마트와 비슷하죠. 당연히 홈페이지도 있습니다. 월마트는 인기 제품을 클릭해서 상세 페이지를 펼쳤을 때, 상품 사진의 오른쪽 위에 '베스트셀러' 배지가 있는 화면과 배지가 없는 화면의 A/B 테스트를 진행했습니다. 결과적으로 '베스트셀러' 배지가 있는 버전이 살아남았어요. 사람들은 처음 본 상품이 살 만한지 판단할 근거가 부족하기 때문에 누군가 추천해 주길 간절히 바라고 있는 건 아닐까요?

지금까지 넷플릭스 이야기를 시작으로 다양한 실제 A/B 테스트 사례를 살펴보았습니다. 이러한 사실을 안다고 해서 우리가 매일 사용하는 앱이나 웹사이트에서 A/B 테스트를 피할 수 있는 건 아닙니다. 그럼에도 디지털 환경이 사용자들의 데이터를 바탕으로 끊임없이 최적화되고 있다는 사실을 알고 있는 것은 무척 중요합니다. 물론 많은 사람의 선택이 곧 윤리적으로 옳다는 뜻은 아닙니다. 선택을 쉽게 하게끔 유도하는 디지털 경험들은 무의식과 심리의 사각지대를 노리기 때문입니다. A/B 테스트의 원리 또한 마찬가지입니다. 따라서 여러분은 앱이나 웹사이트를 이용할 때 항상 비판적인 거리를 유지해야 합니다. 어떤가요, 디지털 세상의 작동 방식이 조금은 더 선명해졌나요?

Chapter 2

AI가 내 친구의 아름다움을 판단하는 세상

—

사진 보정 앱이 세상에 나오면서 셀피selfie를 찍는 풍경도 많이 변했습니다. 자세를 잡고 촬영 버튼을 누르기만 했던 예전과 달리 촬영 전에 먼저 '어떻게' 보정할지 고르는 시간이 생겼기 때문입니다. 평소 고민이었던 외모 콤플렉스가 순식간에 해결된 모습은 분명 매력적이죠. 하지만 이런 보정 앱의 이면에는 무서운 측면이 존재합니다. 무의식적으로 다양한 아름다움을 보지 못하게 만드는 것이죠. 머리가 곱슬거려도, 턱이 갸름하지 않아도, 쌍꺼풀이 없어도 우리는 누군가를 충분히 매력적으로 느낄 수 있습니다. 하지만 보정 앱은 이러한 개성을 너무 쉽게 제거해야 할 대상으로 삼고 있습니다.

알고리즘이 판단하는 아름다운 것과 아름답지 못한 것

오스트레일리아에는 얼굴의 아름다움을 평가하는 기술을 만드는 코브스Quoves Studio라는 AI 회사가 있습니다. 코브스가 제공하는 프로그램에 사진을 업로드하면 수초 후 알고리즘이 내 얼굴에 점수를 매기기 시작합니다. 그다음 주름이나 다크서클을 개선해야 하는 문제로 인식하고 그에 맞는 화장품을 추천해 주는 단계로 넘어갑니다. 이러한 뷰티 평가 알고리즘은 어디에 사용될까요? 이미 우리도 모르는 사이 SNS나 보정 앱에 널리 활용되고 있습니다.

2020년 3월, 숏폼 콘텐츠(수초에서 수분 정도의 짧은 영상 콘텐츠) SNS인 틱톡의 모회사 '바이트댄스'가 이와 관련해 세계적으로 큰 비난을 받은 적이 있습니다. 앞니가 없거나 뚱뚱한 사람들이 등장하는 영상을 알고리즘으로 미리 파악해 줄이라고 지시한 사실이 뒤늦게 드러난 것입니다. 여러분은 여기서 어떤 문제를 발견했나요? 틱톡 사건의 핵심은 아름다움을 사람이 아닌 알고리즘이 평가한다는 데 있습니다. 여러분이 친구와 보정 앱으로 찍은 사진을 SNS에 업로드하는 순간, 여러분의 얼굴을 AI가 평가

하기 시작하는 것입니다.

이러한 뷰티 평가 알고리즘이 학습한 데이터는 대부분 서양인입니다. 따라서 알고리즘은 같은 사람이라도 피부색이 밝게 나온 사진을 더 매력적이라고 평가합니다. 이처럼 알고리즘은 편향된 시각으로 아름다움의 판단 기준을 획일화합니다. 그리고 끝내는 서비스 이용자들이 알고리즘이 제시하는 기준과 닮고 싶다는 생각이 들게 만듭니다. 심지어 우리는 서양인이 아닌 동양인인데 말이죠.

소셜 미디어 시대에서 깎이고 보정당하는 아름다움

혹시 여러분은 보정 필터를 씌운 내 사진이 현실이었으면 좋겠다고 생각한 적이 있었나요?

미국의 10대와 20대는 '스냅챗Snapchat'이라는 SNS를 많이 사용합니다. 스냅챗에도 얼굴을 바꿔 주는 뷰티 필터 기능이 있습니다. 미국에서는 한때 이러한 뷰티 필터로 바뀐 자신의 얼굴을 성형외과 의사에게 보여 주고 수술을 요구하는 10대들이 문제가 되기도 했어요. 필터로 성형된 이미지에는 환상을 마치 현실처럼 받아들이게 하는 힘이 있기 때문이죠. 영국의 성형외과 의사 티지언 이쇼는 이러한 증상을 '스냅챗 이형증Snapchat Dysmorphia'이라고 부릅니다. 어쩌면 이들에게는 성형외과 의사가 아니라 정신과 의사가 필요할지도 모르겠네요.

여러분이 찍는 셀피는 2D로 그리는 그림과 비슷합니다. 사진은 픽셀Pixel이라고 부르는 아주 작은 디지털 네모들의 집합으로 이루어져 있어요. 네모 하나하나에는 색 정보가 들어 있습니다. 작은 조각들이 모여 전체를 만드는 모자이크를 떠올리면 더 쉽겠네요. 보정 앱에서 눈 크기를 줄이거나 키우면 픽셀의 색 정보가 이리저리 달라집니다. 당연히 뼈를 깎거나 신경을 건드려야 하는 실제 성형 수술과는 큰 차이가 있겠죠.

미국 질병통제예방센터에서 발표한 통계에 따르면 미국의 15~19세 소녀들의 자살률이 2000년~2010년에 비해 70%나 증가했습니다. 10대 초반인 10~14세 소녀들의 자살률은 매우 낮았지만 이 시기를 기점으로 151%나 증가했습니다. 공교롭게도, 2010년은 인스타그램이 세상에 탄생한 해이기도 합니다. 1996년 이후 태어난 세대는 중학생 때 처음 소셜 미디어를 접하면서 스마트폰 이용 시간이 평균적으로 높아졌습니다.

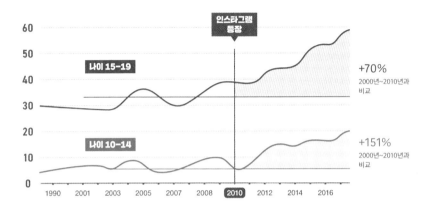

소셜 미디어는 서로가 서로에게 하는 평가를 기반으로 발전했습니다. 뷰티 필터로 보정된 채 소셜 미디어에 업로드되는 내모습은 타인의 시선과 평가로 존재 가치를 평가받습니다. 잠깐이면 기억에서 사라질 '좋아요'에 보상을 받았다고 생각합니다. 그리고 다음에는 무엇을 해야 또 보상을 받을 수 있을지 자연스레 궁리합니다. 이런 생각은 우리가 진정으로 추구해야 할 가치 대신 건전하지 못한 자극만을 추구하게 만듭니다. 인류는 몇백, 몇천 명의 비난과 평가를 견디게끔 진화하지 않았습니다. 해마다 악플 때문에 자살하는 연예인들의 뉴스는 이러한 면을 잘 나타냅

니다. 한국의 10대 소녀들 역시 예외는 아닐 겁니다.

끝으로 미국의 배우 릴리 라인하트와 디지털 보정에 관한 흥미로운 에피소드 하나를 소개하겠습니다. 릴리는 자기 사진에 포토샵 보정을 하지 않는 걸로 유명합니다. 그런데 〈코스모폴리탄〉이라는 매거진 화보 촬영에서 그만 문제가 터졌습니다. 라인하트의 허락 없이 포토샵으로 허리 사이즈를 대폭 줄인 것입니다. 그걸 본 라인하트는 격분해 자신의 인스타그램 스토리에 원본 사진과 수정된 사진을 이어서 업로드하고선 〈코스모폴리탄〉을 맹비난했습니다. 그리고 인스타그램 스토리 마지막 장에 자신은 있는 그대로 아름답고 타인에게는 자신을 고칠 권리가 없다는 메시지를 남겼습니다.

여러분에게는 릴리의 메시지가 어떻게 다가오나요? 다소 과격한 예지만 여러분 역시 타인의 무분별한 평가와 판단으로부터 현실의 소중한 나를 반드시 지키길 바랍니다.

동영상을 본다고? 쇼츠가 대세지 :
1분 미만 세로 콘텐츠의 시대

—

귀여운 강아지가 애교를 부리는 영상이 나옵니다. 그다음 BTS의 노래를 커버한 외국 학생들의 댄스 동영상이 나오죠. 곧이어 엄청난 크기의 햄버거를 터질 듯이 베어 무는 사람의 영상도 나옵니다. 제가 이 글을 쓴 전날 밤에 만난 쇼츠들입니다. 영상끼리는 아무 관계가 없지만 하나같이 짧은 시간에 흥미를 돋운다는 특징이 있습니다. 현재는 페이스북, 인스타그램, 유튜브, 스냅챗 같은 세계에서 손꼽히는 소셜 미디어들이 모두 쇼츠 서비스를 제공하고 있습니다. 다음은 쇼츠의 대명사인 틱톡에 관한 주요 데이터입니다.

■ 틱톡 주요 통계

출처: www.businessofapps.com

- 2021년에는 전년보다 142% 증가한 약 46억 달러의 수익을 거두었습니다.
- 2021년 4분기에는 12억 명의 MAU Monthly Active User(한 달 동안 몇 명이 틱톡을 이용했는지 확인하는 기준)를 기록했습니다.
- 가장 인기가 많은 중국에서는 매일 6억 명이 틱톡을 실행합니다.
- 앱은 30억 회 이상 다운로드 되었습니다.

정말 어마어마한 수치입니다. 왜 이렇게 전 세계가 쇼츠에 열광하는 걸까요? 콘텐츠들을 보면 다음과 같은 공통점을 쉽게 찾아볼 수 있습니다.

- 매우 짧고 간단한
- 호기심을 불러일으키는
- COVID19 관련(시의적인)
- 공포스러운
- 스토리가 있는

이러한 주제는 그 자체로도 충분히 자극적입니다. 반대로 말하면 쇼츠에는 즐길거리가 넘쳐난다는 의미입니다. 문제는 이러한 자극적인 콘텐츠들이 각자의 취향에 맞게 개인화된다는 것입니다. 여러분은 틱톡 같은 쇼츠 서비스를 이용하면서 '어떻게 항상 내가 관심 있는 콘텐츠들만 보여 줄까?' 같은 생각을 해 본 적이 있나요? 비밀은 온보딩On-Boarding(사용자가 앱을 처음 설치하고 처음으로 하는 경험)에 있습니다.

여러분이 틱톡을 설치하면 시작하기 전에 '관심 분야 선택'이라는 온보딩 단계를 만납니다. 여기에서는 '동물', '게임', '스포츠', '푸드'처럼 여러분이 평소에 관심 있을 만한 분야를 미리 선택해 필터링합니다. 그리고 AI를 활용해 해당 주제를 선택한 사람들에게 인기 있었던 콘텐츠를 추천합니다. 인기 콘텐츠를 식별하는 기준은 다양한데, 대표적으로 고려하는 것은 댓글과 공유, 좋아요 수입니다. 사용자의 콘텐츠 시청 시간도 마찬가지입니다. 만약 인기 없는 콘텐츠라면 1~2초 사이에 스와이프되기 쉽습니다. 해당 콘텐츠를 올린 사용자의 팔로워 수나 프로필 정보 등을 통해 인기 콘텐츠가 될 가능성을 미리 파악해 노출을 늘릴 수도 있겠네요. 저는 이 글을 쓰면서 다시 틱톡 온보딩을 실행해 봤습니다. '코미디'와 '동물' 카테고리를 선택하자 첫 번째 쇼츠로 작은 새가 스케이트보드를 타는 귀여운 영상이 나왔어요. 그리고 그 영상은 제 관심을 끌기에 충분했습니다.

틱톡은 한 달에 12억 명 이상이 사용하는 서비스입니다. 사용자의 콘텐츠 시청 시간은 데이터에 고스란히 기록됩니다. 만약 AI가 동물 카테고리를 선택한 사람에게 스포츠 콘텐츠가 추천됐을 때 시청 시간이 짧다는 것을 학습했다면 더 이상 스포츠 콘텐츠를 추천하지 않을 겁니다. 마치 《이상한 나라의 앨리스》의 주인공처럼 토끼 굴에 빠진 것 같지 않나요? 보면 볼수록 여러분의 취향에 더 들어맞는 콘텐츠가 추천되고 시간 가는 줄 모른 채 다음 콘텐츠를 기계적으로 소비하게 되는 것이죠.

틱톡에서 우리가 가장 많이 하는 행동은 '위아래 스와이프'입니다. 이런 단순한 행위만으로 자극적인 콘텐츠가 랜덤으로 무제한 제공됩니다. 이는 카지노의 슬롯머신과 비슷한 메커니즘인데요, 사람은 동일한 행위로 주어지는 보상이 무한하고 랜덤할수록 더 크게 중독성을 느낍니다. 이를 조금 어려운 말로 '가변적 보상 심리'라고도 합니다. 이러한 심리 상태가 되면 계속해서 다음 보상을 바라게 됩니다. 쇼츠뿐 아니라 우리가 디지털 환경에서 만나는 다양한 모바일 앱이 이러한 심리를 이용합니다. 사용자의 앱 사용 시간을 늘리고 재방문율을 높이기 위함이죠. 과학 기술을 다루는 매체인 〈사이언스타임즈〉에서는 쇼츠처럼 연속해서 보게 되는 자극적인 콘텐츠가 집중력에 영향을 줘 뇌를 엉망으로 만들 수 있다고 경고했습니다.

여러분은 영화관에 얼마나 자주 가나요? 저는 원래 영화 보는 것을 무척 좋아했어요. 그런데 요즘은 영화관에서 두 시간 동안 영화에만 집중하는 일이 쉽지 않습니다. 쇼츠처럼 짧고 자극적인 즐길거리가 넘쳐나는 시대에 영화는 아마 점점 더 경쟁력을 잃어 갈 것 같아요. 책은 말할 것도 없겠죠. 여러분은 마음만 먹으면 유튜브에서 두 시간짜리 영화의 5분 요약 버전을 찾을 수 있고, 그걸 다시 1분으로 줄인 쇼츠로 볼 수 있는 시대에 살고 있습니다.

2022년 말 기준 틱톡의 사용자 수는 18억 명에 달한다고 해요. 이처럼 짧고 자극적인 '핵심'만 있는 세계를 여러분은 충분히 받아들일 준비가 되었나요? 어떤 주제는 시간을 충분히 들여 천천히 음미해야만 비로소 본질에 닿을 수 있다는 사실을 잊지 않았으면 좋겠습니다.

은밀한 제2의 학교 폭력: 사이버불링

—

　　여러분은 '사이버불링'이라는 단어를 알고 있나요? 이 말은 가상공간을 뜻하는 '사이버cyber'와 집단 따돌림을 뜻하는 '불링bul-lying'을 합쳐서 만든 신조어입니다. 과거에 비해 스마트폰이 폭넓게 보급되고 SNS가 발달하면서 누군가와의 연결을 완전히 끊기가 어려워졌습니다. 이제는 공간과 시간의 제약 없이 가해자가 마음만 먹으면 24시간 내내 피해자를 괴롭힐 수 있게 된 것입니다. 사이버불링은 온라인이라는 공간의 특성상 순식간에 널리 퍼지고, 가해자의 신상은 익명으로 가려지는 등 지금까지의 학교 폭력과는 형태가 매우 다릅니다.

　　가해자는 계정을 바꿔 가며 다양한 사람인 척 연기할 수도 있습니다. 가장 무서운 점은 가해자가 온라인에서의 폭력을 범죄로 생각하지 않고 일종의 놀이처럼 받아들인다는 것이죠. '카톡 감옥'(단체 대화방에 왕따 학생을 초대한 후 언어폭력을 가하고 나가면 반복해서 초대하는 행위), '카톡 방폭'(단체 대화방에 왕따 학생을 초대한 후 한꺼번에 나가 버리는 행위), '기프티콘 셔틀'(단체로 기프티콘 결제를 유도하는 행위), '안티 카페'(피해자를 비난하기 위해 만들어진 카페) 등이 여기 해당합니다.

2022년 방송통신위원회가 조사한 〈사이버폭력 실태조사 보고서〉에 따르면 청소년의 37.5%가 사이버 폭력에 노출된 적이 있다고 답했습니다. 가해 수단은 온라인 게임(48.9%)이 가장 많았고, 그다음은 문자 및 인스턴트 메시지(38.9%), SNS(16.4%)순이었습니다. 이러한 수단들은 모두 놀이 같은 형태를 띱니다.

피해자들은 왜 여기에서 벗어나지 못할까요? 온라인은 하교 후 친구들과 연결되는 가장 쉬운 장소이기 때문입니다. 가해 학생들은 누군가와 연결되고 싶은 인간의 원초적인 욕구를 노립니다. 흔적을 남기지 않는 언어폭력은 가해자에게는 폭력이 아니라는 정당성을 부여하지만 피해자에게는 평생 지워지지 않는 마음의 상처를 남깁니다.

사이버불링의 또 한 가지 특이한 점은 피해자와 가해자의 위치가 바뀌기도 한다는 점입니다. 2022년 〈사이버폭력 실태조사 보고서〉에 의하면 피해 학생의 43.9%가 가해 경험이 있고, 가해 학생의 79.9%가 피해 경험이 있다고 밝혔습니다. 사이버 공간에서는 편을 가르는 진영논리가 쉽게 적용됩니다. 링크 하나만 있으면 누구나 순식간에 피해의 대상이 될 수도 있습니다. 청소년기에는 친구들과의 대화에서 사회적 약속에 대해 배우기도 하고 내면의 폭력성을 발견하기도 합니다. 하지만 폭력에 너무 자주 노출되면 자신을 짓밟은 폭력에 무뎌지고 어른이 되어서도 안 좋은 영향을 받기 쉽습니다.

사이버불링을 막기 위해서는 부모님과 선생님, 그리고 주변 어른들의 역할도 매우 중요합니다. 피해 학생을 살피며 폭력의 조짐을 눈치채고 중재하는 역할을 해야 하기 때문입니다. 그리고 기술을 더 책임 있게 사용해야 하는 이유와 방법에 대한 교육도 반드시 필요합니다.

만약 여러분이 사이버불링을 당하고 있다면 지금 당장 주변에 도움을 요청하는 것이 중요합니다. 가족에게 알리고 믿을 수 있는 지인, 사이버폭력 지원 기관에 도움을 요청하기 바랍니다. 우리는 모두 소중한 존재이며 누군가에게 폭력을 당할 어떠한 정당한 이유도 없다는 것을 잊지 않았으면 합니다.

흐릿해지는 가상과 현실의 경계: 메타버스

어떤 아이돌 그룹이 신곡 발매 기념으로 가상 세계에서 팬 사인회를 열었습니다. 한 게임 회사는 취업 설명회를 게더타운 (화상회의 플랫폼과 메타버스가 연결된 플랫폼. 2D 그래픽이 특징)에서 진행했습니다. 미국의 한 대통령 후보는 '동물의 숲'을 자신의 선거 캠페인 전략으로 활용했습니다. 이 모든 일이 '메타버스Meta-verse'에서 일어났습니다.

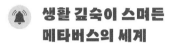
🔔 생활 깊숙이 스며든 메타버스의 세계

메타버스는 '메타meta'와 '유니버스universe'의 합성어로 현실을 초월한 가상 세상을 뜻하는데요, 크게는 다음 네 가지 형식으로 나눠 볼 수 있습니다.

① 증강현실

ARAugmented Reality이라고도 불리는 증강현실 기술은 현실에 가상의 이미지나 영상을 덧입히는 기술입니다. 가장 익숙한 예로는 '포켓몬 GO' '스노우' 같은 게임과 카메라 앱의 필터 기술이 있겠네요.

② 라이프로깅

삶을 뜻하는 '라이프life'와 일지에 기록한다는 의미의 '로깅logging'을 합쳐 만든 말인 라이프로깅은 '삶을 기록한다'는 의미입니다. 대표적으로 페이스북이나 인스타그램 같은 SNS가 있습니다. 차고 달리면 내가 뛴 거리와 코스를 보여 주는 웨어러블 기기(작은 기계에 IT 기술을 적용해 몸에 착용할 수 있도록 한 기기. 안경,

시계, 반지 같은 형태가 있으며 애플워치, 갤럭시워치 등이 여기에 포함)나 내가 여행한 곳을 기록할 수 있는 여행 기록 앱 등도 여기에 포함됩니다.

③ 미러 월드

IT 기술로 실제 세계를 가상에 옮겨 놓는 것을 뜻합니다. 대표적으로는 지구 구석구석을 위성사진으로 보여 주는 '구글 어스 Google Earth'가 있습니다. 저는 낯선 곳을 갈 때 미리 구글 어스의 로드뷰 기능을 활용해 그곳의 특성을 파악해 놓는답니다.

④ 가상 세계

기술로 만들어 낸 새로운 세계입니다. 마치 게임 같다는 특징이 있습니다. 제페토, 로블록스, 포트나이트, 마인크래프트 등이 대표적입니다.

어떤가요? 메타버스는 이미 익숙한 개념이죠? 특히 포트나이트라는 게임은 Z세대(1995~2010년생)에게 엄청난 인기를 끌며 전 세계에서 3억 5000만 명의 이용자를 모았습니다. 포트나이트에서는 단순히 게임만 하는 것이 아니라 소셜 미디어처럼 관계를 맺고 소통합니다. 사용자들은 캐릭터의 아이템과 다양한 게임 장비를 구매하기 위해 한 해에 무려 24억 달러(약 3조 240억 원)를 사용했다고 합니다.

수많은 유저가 포트나이트 세계에 모여들다 보니 흥미로운 실험도 많이 일어납니다. 대표적인 사례를 이야기해 볼게요. 미국의 유명 래퍼인 트래비스 스콧은 포트나이트의 '파티 로열 모드(전투가 없는 게임 모드)'에서 가상 콘서트를 열었어요. 콘서트가 시작되자 엄청난 크기의 트래비스 스콧 아바타가 운석과 함께 멋지게 공연장에 등장했습니다. 콘서트장에는 현실의 나를 대신한 아바타가 뛰어다니며 공연을 구경하는데, 스콧은 45분의 콘서트 동안 총 1230만 명의 관중을 모아 약 2000만 달러(약 252억 원)를 벌었습니다. 2019년 스콧의 콘서트 투어 하루 수익은 170만 달러였습니다. 놀랍게도 실제 가수가 나오지도 않는 가상현실 공연이 실제보다 12배나 많은 수익을 올린 것입니다.

국내에도 메타버스로 유명한 앱이 있습니다. 바로 '제페토'입니다. 앱을 설치하면 전면 카메라로 사진을 찍어 자신을 닮은 귀엽고 예쁜 3D 아바타를 생성할 수 있고, 이 캐릭터로 친구를 사귀며 플레이할 수 있습니다. 제페토는 출시 후 약 1년 6개월 만에 글로벌 누적 가입자 수 1억 3000만 명을 돌파했습니다. 이 중

해외 이용자 비율이 90%에 달하며, 10대 비율은 무려 80%나 된다고 합니다.

제페토에는 '월드'라는 가상공간이 존재합니다. 여러분은 월드에서 자신을 닮은 아바타로 다양한 공간을 탐험할 수 있습니다. 그리고 다양한 광고도 만나게 되죠. 그런데 여기에 노출되는 광고는 백화점에서나 볼 수 있는 명품이 많습니다. 온라인 쇼핑에 익숙한 여러분은 백화점이나 쇼핑몰을 직접 방문하는 일이 부모님 세대에 비해 크게 줄었죠. 그래서 명품 브랜드들이 요즘 세대에게 잊히지 않기 위해 메타버스 세상에서 미리 광고를 하는 것입니다. 지금 당장 비싼 명품을 살 수는 없더라도 아바타에게 명품 아이템을 입혀 봄으로써 자신들의 브랜드 이미지를 기억하게 하는 것입니다. 지금의 10대들이 훗날 경제력이 높아지기를 기다리며 미래를 위해 투자하고 있는 셈입니다. 메타버스에서 이러한 광고들을 만난다면 거리를 두고 한 번쯤 객관적으로 생각해 볼 필요가 있습니다.

가상현실에서 벌어지는 범죄 행위를 처벌할 수 있을까?

메타버스 기술은 아직 생긴 지 얼마 되지 않았습니다. 그렇기 때문에 예측하기 어려운 일들이 종종 발생하곤 합니다. 그중에서도 메타버스에서 아바타를 대상으로 성추행을 하거나 성적인 대화를 강요하는 일이 빠르게 늘어나는 것은 큰 문제입니다. 가상 세계에서 일어나는 일이므로 별일 아니라고 쉽게 생각할 수도 있지만, 이것은 그렇게 간단한 문제가 아닙니다. 제페토의 유저는 71%가 7~18세입니다.

또 다른 메타버스 게임인 로블록스도 한번 살펴볼까요? 로블록스는 사용자들이 직접 게임을 만들고 플레이하는 게임 플랫폼으로, 사용자에게 직접 게임 개발 도구를 제공하는 것이 특징입니다. 게임을 하며 사용자 간 메시지를 주고받을 수 있고, '로벅스'라는 가상화폐를 이용해 아이템 거래도 할 수 있습니다. 이 게임 역시 유저의 62.3%가 7~18세입니다. 나이가 어릴수록 아바타를 꾸미면서(커스터마이징) 자신과 아바타를 동일시하는 경향이 강합니다. 즉, 아바타가 누군가에게 메시지로 추행을 당하거나 괴롭힘을 당하면 실제 나에게도 심리적인 악영향이 느껴진다는 것입니다.

더 큰 문제는 아바타 성추행을 일으키는 많은 사람이 성인이라는 것입니다. 10대들은 가상 세계에서 아바타가 성추행을 당할 때 현실 세계와 비슷하거나 더 심각한 공포를 느낄 수 있습니다. 게다가 메타버스에서 발생하는 아바타 간 사생활 침해에 대한 법적인 규제가 아직은 제대로 마련되어 있지 않습니다. 메타버스 플랫폼들은 필요한 지침을 만들어 어린 유저들이 유해한 환경에 노출되지 않도록 대책을 세우고 있지만 여전히 부족한 것이 사실입니다.

메타버스는 미래의 긍정적인 면만을 내세우지만 풀리지 않는 많은 문제도 함께 만들어 냅니다. 더 큰 문제는 아바타 성추행처럼 현실의 문제가 메타버스를 거쳐 어떤 형태로 변형될지 예측하기 어렵다는 점입니다. 모든 기술 발전에는 빛과 어둠이 함께 있다는 것을 꼭 기억했으면 합니다.

'아니면 말고'에 절망하는 사람들: 가짜 뉴스의 그림자

여러분이 하지도 않은 이야기가 인터넷 세상에 떠돈다면 기분이 어떨까요? 이번 장은 디지털 기술이 발전하면서 생기는 큰 문제 중 하나인 '가짜 뉴스'에 관한 이야기입니다. 가짜 뉴스란 주로 인터넷으로 퍼지며 대중의 주목을 끌기 위해 과장되고 선정적으로 조작된 뉴스를 말합니다. 이러한 가짜 뉴스는 수많은 사람이 클릭하거나 공유하면서 널리 퍼져 나가고 이로 인해 수익이 발생하는 구조입니다.

가짜 뉴스는 사실 오래전부터 존재했습니다. 과거에는 주로 황색 언론(옐로 저널리즘)이라는 이름으로 불렸습니다. 그러다 소셜 미디어의 등장과 함께 확산 속도가 크게 빨라졌습니다. 세 명의 MIT 학자 아랄, 로이, 보수기는 트위터와 거짓 뉴스의 확산 속도와 관련된 연구 프로젝트를 진행했습니다. 이 연구에는 트위터에서 2006년부터 2017년까지 약 300만 명이 450만 회 이상 트윗한 약 12만 개의 뉴스 기사가 사용되었습니다. 연구 결과에 따르면 트위터에서는 가짜 뉴스가 리트윗될 가능성이 진짜 뉴스보다 70% 높고 약 6배 빠르게 전파된다고 합니다. 가짜 뉴스의 자극적인 특징 때문에 진짜 뉴스보다 더 흥미로워 보이는 경향이 있기 때문입니다. 정치 공작, 음모론, 코로나19 바이러스에 관한 잘못된 정보 등이 소셜 미디어로 빠르게 퍼지는 지금, 여러분은 어쩌면 정확한 진실보다 내가 믿는 것만을 진실로 받아들이고 싶어 하는 시대에 살고 있는지도 모릅니다. 내 주장을 뒷받침하는 정보들은 달콤하기 때문입니다.

가짜 뉴스를 퍼트리는 소셜 미디어의 알고리즘은 정보의 진실과 거짓은 중요하게 판단하지 않고, 사용자의 흥미나 취향을 자극하는 방향으로 설계되었습니다. 예를 들어, 외계인이 실제로 존재한다는 사실을 믿는 사람이 있다고 가정해 봅시다. 그 사람은 페이스북에 떠도는 조작된 외계인 정보에 '좋아요'를 누르고, 관련 커뮤니티에도 가입합니다. 그 사람에게는 외계인의 존재를 믿는 사람들이 만들어 낸 콘텐츠가 끝없이 추천됩니다.

실제로 미국의 한 유명 농구선수는 라디오 프로그램에 출연

해 지구가 평평하다고 말한 뒤 곤욕을 치른 적도 있습니다. 이후 그는 자신의 SNS에 지구가 평평하다는 콘텐츠가 계속 보였기 때문에 속았다고 고백했습니다. 웃지 못할 해프닝이지만 소셜 미디어의 추천 알고리즘은 너무 쉽게 한쪽으로 치우친 정보만을 보여 줍니다. 사용자의 의견과 반대되는 콘텐츠는 추천하지 않습니다. 단지 사용자가 동의했거나, 그의 취향에 맞는 콘텐츠를 연속해서 보여 줄 뿐입니다. 이러한 정보 편향은 끔찍한 비극을 낳기도 합니다.

동남아시아 국가 미얀마는 가짜 뉴스로 몸살을 앓고 있습니다. 미얀마 사람들이 스마트폰을 개통하러 대리점에 가면 직원은 페이스북을 설치해 주고 계정도 대신 만들어 줍니다. 한 나라의 주요 언론 역할을 소셜 미디어가 대신하는 셈입니다. 가짜 뉴스가 퍼지기에 매우 좋은 환경입니다. 이러한 배경에는 과거 제한적인 정보만 접하던 미얀마 국민들이 2013년 새로운 정권이 들어서면서 너무 급작스럽게 인터넷 세상을 받아들이게 된 상황도 있습니다. 국민들이 인터넷에 떠도는 뉴스를 어떻게 받아들이고 해석할지 충분한 대비가 되지 않았던 것입니다.

2017년에는 결국 끔찍한 비극이 발생하고 말았습니다. 미얀마 군부는 이슬람 계열 소수 민족인 로힝야족에 대한 폭력과 대량 학살을 저질렀습니다. 그 결과, 약 73만 명의 로힝야족이 방글라데시로 피난을 가야 했고, 그 과정에서 살인, 강간, 방화 같은 비극적인 일이 수없이 일어났습니다. 유엔은 2018년 페이스북에서 떠돌았던 로힝야족을 향한 가짜 혐오 게시물이 학살에 결정적인 역할을 했다고 밝혔습니다. 소문의 중심에는 미얀마의 극우 불교 단체인 '바 마 따'와 로힝야족을 증오하는 페이스북 그룹이 있었습니다. 사람들이 이러한 혐오 게시물에 선동되면서 집단 증오 현상이 더욱 심각해진 것입니다.

그리고 국제 사회는 이 문제를 내버려 둔 페이스북을 크게 비난했습니다. 실제로 사건이 일어나던 시점에 페이스북에는 가짜 게시물을 제대로 관찰하는 인력이 없었다는 사실이 드러났습니다. 현재 페이스북은 이러한 비난을 받아들여 미얀마의 가짜 뉴스를 모니터링하는 인력을 고용했습니다.

소셜 미디어는 여러분의 나이와 성별, 사는 지역, 종교, 취향, 인종 등을 파악해 거대한 데이터베이스를 구축하고 있습니다. 이 데이터는 광고주가 원한다면 언제든지 활용할 수 있는 재료입니다. 예를 들어, 내가 누군가를 겨냥하고 가짜 뉴스를 만들었을 때 여기에 호응하는 사람들에게만 집중적으로 광고할 수도 있다는 말입니다.

2016년 미국 대선에서 대통령 후보였던 트럼프와 힐러리는 소셜 미디어에 대해 상당히 다른 견해를 보였습니다. 힐러리는 소셜 미디어를 간과했지만 트럼프는 자신의 선거 운동에서 소셜 미디어를 핵심 도구로 활용했습니다. '프란체스코 교황이 트럼프 지지를 발표했다' 같은 가짜 뉴스는 '좋아요'와 공유를 합쳐 약 96만 회를 기록하기도 했습니다. 실제로 교황은 트럼프나 힐러리를 공식적으로 지지한 적이 없는데 말이죠. '힐러리가 이슬람 국가(IS)와 주고받은 이메일이 공개됐다' 같은 가짜 뉴스는 힐러리의 이미지에 심각한 손상을 주기도 했습니다. 소셜 미디어로 퍼져 나간 가짜 뉴스들은 〈뉴욕타임스〉 같은 미국의 주류 미디어가 내보내는 뉴스보다 훨씬 더 높은 조회 수를 기록했고, 미국 대선의 승자는 소셜 미디어를 잘 활용한 트럼프가 되었죠.

물론 우리에게는 자신의 생각을 자유롭게 말할 권리가 있습니다. 다만 우리가 함께 이해할 수 있는 건강한 현실이 먼저 뒷받침되어야 합니다. 애석하게도 소셜 미디어의 추천 시스템은 사회의 양극화를 가속화합니다. 만약 각자 자신이 믿는 것만이 진실이라고 생각한다면 우리는 애써 타인을 이해하려고 노력할 필요가 없을 것입니다. 여러분은 함께 이해할 수 있는 진실이 있는 세상을 만들기 위해 지금부터 노력해야 합니다.

Chapter 3

매일 더 완벽히
디자인되는
우리들의 세상

LOADING...

우리는 왜 SNS에
중독되는 걸까?

SNS는 우리의 삶을 굉장히 많이 바꾸어 놓았습니다. 옆 반의 누구와 누가 사귀는지, 여름 휴가 때 친구가 가족이랑 어디를 여행했는지, 내가 좋아하는 연예인의 사생활은 어떤지 등을 작은 액정에서 편하게 확인할 수 있으니까요. 이렇게 피드를 여행하다 보면 어느덧 한두 시간은 순식간에 지나간 경험이 다들 있을 거예요. 여러분의 이러한 경험 뒤에는 SNS가 가진 무시무시한 비밀들이 숨어 있답니다. 이번 장에서는 SNS가 일으키는 중독성의 원리에 대해 알아보겠습니다.

우리가 사용하는 대표적인 SNS인 인스타그램은 처음에 어떤 모습이었을까요? 지금처럼 복잡한 기능 대신 사진을 찍고 마음에 드는 필터를 입혀 업로드하는 것이 전부였답니다. 도구적인 측면이 강했다고 할 수 있죠. 그런데 현재는 어떤가요? 트위터의 전 제품이사였던 제프 사이버트는 한 인터뷰에서 다음과 같은 무서운 말을 남겼습니다.

"우리가 온라인에서 하는 모든 행동은 감시되고, 추적되고, 측정됩니다. 무슨 이미지를 얼마나 오래 봤는지까지 말이죠."

사이버트의 말은 사실입니다. SNS는 특정한 기준을 정해 사람들이 올린 콘텐츠를 분류하고 여러분에게 다시 노출합니다. 여러분의 나이, 사는 지역, 관심사, 스크린 타임 등은 모두 훌륭한 분석 대상이죠. 내 마음에 쏙 드는 티셔츠나 가방이 SNS 피드에 갑자기 등장하는 것은 우연이 아닙니다.

SNS의 중독성은 뇌에서 만드는 도파민이라는 신경전달물질(신경세포 간에 신호를 전달함으로써 정보를 주고받는 매개체 물질)과 깊은 관련이 있습니다. 우리 몸은 도파민을 분비해 쾌감이나 즐거움과 관련된 신호를 받아 행복감을 느낍니다. 그런데 도파민은 자극만 계속 준다고 해서 생성되지는 않습니다. 이와 관련한 유명한 심리학 실험을 하나 소개하겠습니다.

연구자들이 원숭이들에게 벨 소리를 들려준 후 달콤한 주스를 주는 실험을 했습니다. 이 실험은 도파민 수치를 측정하기 위한 실험이었어요. 흥미롭게도 원숭이들은 주스를 마실 때보다 벨 소리를 들었을 때 도파민 수치가 훨씬 높게 나왔습니다. 맛있는 주스를 받을 때 도파민 수치가 높게 발생할 것이라는 예상과는 다른 결과였죠. 이후 벨 소리를 들려준 뒤 두 번에 한 번꼴로 주스를 줬더니 원숭이의 도파민이 가장 높게 측정되었습니다.

이 실험으로 우리는 뇌가 결과보다는 기대감에 더 크게 반응한다는 사실을 알 수 있습니다. 그런데 지금 여러분 곁에 있는 스마트폰이 그 어떤 도구보다 기대감, 즉 도파민을 많이 발생시킨다는 사실을 알고 있나요? 아까 내가 올린 게시물에 누군가 댓글을 달지는 않았을까? 좋아요는 몇 개나 달렸을까? 외국에 사는 친구에게 보낸 메일에 답장이 왔을까? 하는 기대감 말이죠. 이 기대감은 계속해서 울리는 푸시 알림으로 더욱 커집니다. 하지만 막상 스마트폰을 확인해 보면 대부분 시시한 정보와 관련된 것일 때가 많습니다. 그런데도 푸시 알림이 울리면 왠지 모를 기대감이 곧바로 다시 생깁니다. 이러한 반복으로 우리 뇌는 점점 SNS에 중독되어 가는 것입니다.

소셜 미디어는 기존의 미디어가 하지 못했던 역할을 맡고 있습니다. 따로따로 떨어져 있던 개개인을 연결해 주고 때로는 대안 미디어(주요 일간지나 텔레비전 등 비중이 큰 주류 언론을 비판하며 등장한 규모가 작은 새로운 개념의 언론)의 기능을 합니다. 하지만 소수의 똑똑한 사람들이 만드는 소셜 미디어는 전 세계 10억 명이 넘는 사람들에게 앱이 업데이트될 때마다 광범위한 영향을 미칩니다. 커뮤니케이션 방식은 물론 문화적으로도 파급력이 큽니다.

일례로 인스타그램에 스토리 기능이 생기자 사람들은 영구적인 성격의 피드 대신 24시간만 공개되는 단발성 콘텐츠를 업로드하기 시작했습니다. 스토리에 대한 유저들의 반응은 댓글이 아닌 개별 메시지를 통해 전달됩니다. 피드보다 조금 더 폐쇄적인 형식이 된 것뿐이지만 10억 명의 사람들이 가진 커뮤니케이션 방식에는 많은 영향을 미치게 된 것입니다. 소셜 미디어뿐만 아니라 모든 모바일 앱 역시 비슷한 상황입니다. 이는 과거에는 없던 새로운 전파 형식이라는 사실을 알아야 합니다. SNS를 사용하는 사람뿐 아니라 만드는 사람에게도 새로운 윤리적 상상력이 필요한 시대입니다.

매일 쓰는 앱에 담긴
여덟 가지 심리학 법칙

—

우리가 매일 쓰는 앱에는 다양한 심리 법칙이 녹아 있습니다. 이러한 법칙들은 중요한 정보를 놓치지 않게 하거나 클릭을 유도하는 역할을 합니다. 때로는 고민을 줄여 더 나은 선택을 돕기도 하죠. 하지만 기업의 이익을 위해 악용되는 경우도 더러 있습니다. 따라서 여러분이 일상에서 사용하는 앱을 설계할 때 자주 사용되는 심리학 법칙들을 미리 파악해 두면 객관적인 시각을 기를 수 있습니다. 지금부터 대표적인 여덟 가지 심리학 법칙을 살펴봅시다.

① 제이콥의 법칙 Jakob's Law

제이콥의 법칙은 닐슨 노먼 그룹이라는 세계적인 사용자 경험 컨설팅 그룹의 창립자 제이콥 닐슨이 만든 심리 법칙입니다. 새로운 앱이나 웹사이트를 방문할 때 과거의 익숙한 경험을 바탕으로 대상을 판단한다는 것이죠. 회원 가입 과정을 한번 떠올려 볼까요? 생각해 보면 디자인은 조금씩 달라도 가입 방식 자체는 서비스마다 크게 다르지 않다는 것을 알 수 있을 거예요. 만약 서비스마다 회원 가입 방식이 제각각이라면 어떨까요? 매번 새로운 절차를 이해하고 또 익숙해지는 데 많은 에너지를 써야겠죠. 따라서 매일 사용하는 앱을 디자인하는 데 '익숙함'이라는 가치는 무척 중요하답니다. 릴스 기능을 제공하는 틱톡이나 인스타그램, 메신저 기능을 제공하는 카카오톡이나 라인 같은 앱이 형식 면에서 크게 차이가 나지 않는 이유도 바로 익숙함 때문이랍니다.

② 피츠의 법칙 Fitt's Law

여러분이 화면에서 무언가를 클릭하려고 한다고 가정해 보죠. 대상의 크기가 작고 위치가 멀수록 클릭하는 데 시간이 오래 걸릴 거예요. 반대로 대상의 크기가 크고 위치가 가깝다면 클릭하는 시간이 줄어들겠죠. 피츠의 법칙은 어떻게 보면 상식적인 개념입니다. 우리가 스마트폰에서 자주 사용하는 앱이 화면 아래쪽에 위치한 것만 봐도 알 수 있습니다. 이 버튼들은 여러분이 스마트폰을 쥐었을 때 대부분 엄지손가락으로 닿을 수 있는 위치입니다. 만약 버튼이 엄지가 닿기 힘든 위쪽에 위치한다면 어떨까요? 그만큼 클릭하는 데 시간이 들고 또 귀찮아지겠죠. 이러한 심리적인 장애물은 사용자가 앱을 사용하지 않는 것으로 이어집니다. 여러분이 사용하기 쉽다고 생각한 앱은 화면에 배치되는 요소 하나하나의 크기와 위치까지 섬세하게 고려된 형태로 설계된 것입니다.

③ 힉의 법칙 Hick's Law

무언가를 선택할 때 선택지의 개수가 많아지면 시간이 오래 걸린다는 법칙입니다. 보기가 세 개 있는 문제보다 열 개 있는 문제에 들이는 시간이 당연히 더 오래 걸리겠죠? 이러한 힉의 법칙은 일상에서 무척 중요한 역할을 한답니다. 다음 두 리모컨을 비교해 볼까요?

왼쪽의 리모컨을 보면 어떤 생각이 드나요? 한눈에 너무 많은 정보가 쏟아져서 머리가 지끈거리지는 않나요? 안심하세요. 당연한 반응입니다. 반면 오른쪽 리모컨을 보면 어떤가요? 버튼 수가 적어 이해하기 쉬운 느낌이 드나요? 그렇다면 오른쪽 리모

컨이 힉의 법칙을 잘 활용한 셈이겠네요. 만약 여러분이 이용하는 앱이나 웹사이트의 사용이 쉽게 느껴진다면, 선택지가 적을 확률이 높습니다.

④ **밀러의 법칙** Miller's Law

사람들은 규칙 없이 나열된 정보보다 일정한 규칙으로 묶인 의미 덩어리를 더 잘 기억한다는 심리 법칙입니다. 다음 두 가지 숫자의 나열을 비교해 볼까요?

A. 9582384929
B. 958) 238-4929

어떤가요? 아마 대부분 B 예시가 더 기억에 잘 남을 거예요. 사람은 형태를 인지할 때 가까운 거리에 있는 것들을 덩어리로 묶어서 보려는 습성이 있기 때문입니다.

밀러의 법칙은 웹사이트나 앱에서 주로 그룹핑 기법에 활용됩니다. 그룹핑 기법이란 특징이 비슷한 정보들끼리 모아서 보여주는 것을 말해요. 예를 들어, 유튜브 메인 화면에는 왼쪽에 메뉴 목록과 내가 구독하고 있는 채널들이 보이고 오른쪽에는 콘텐츠들이 묶여서 보입니다. 이러한 그룹핑 없이 콘텐츠와 메뉴가 섞여 있다면 혼란스러울 겁니다. 앞으로 어떤 앱이나 웹사이트를 사용할 때, 비슷한 정보끼리 잘 묶여서 정리되어 있다면 밀러의 법칙을 떠올려 보세요.

⑤ 폰 레스토프 효과 Von Restorff Effect

폰 레스토프 효과는 여러 시각 요소가 모여 있을 때 형태나 특징이 튀는 다른 하나가 눈에 먼저 들어오는 심리 법칙을 말합니다. 대표적인 예로 앱에 아직 읽지 않은 정보가 있을 때 표시되는 빨간색 알림이 있습니다. 만약 알림이 빨간색이 아니라 무채색이라면 다양한 색상의 아이콘들 사이에서 눈에 잘 띄지 않을 거예요. 따라서 디자이너는 구성 요소들 사이에서 눈에 띄어야 하는 가장 중요한 정보를 튀는 형태로 다르게 나타내야 합니다.

폰 레스토프 효과가 자주 쓰이는 요소는 앱에서 가장 중요한 역할을 하는 버튼입니다. 주로 쇼핑몰 앱에서 많이 볼 수 있죠. 눈에 띄는 버튼은 매출을 올려 주는 가장 중요한 장치로 쓰이기 때문에 다른 시각 요소들보다 일부러 강조해서 디자인하는 것입니다.

⑥ 자이가르닉 효과 Zeigarnik Effect

아직 끝나지 않은 사실이 더 오래 기억에 남는다는 심리 법칙입니다. 드라마나 웹툰을 보다 보면 스토리상 중요한 순간에 한 화가 끝나며 다음 화에 대한 기대를 남기는 경우가 있을 거예요. 이때는 드라마의 내용보다 마무리되지 않은 부분이 여러분들의 기억에 영향을 줍니다. 새로운 영화나 드라마가 나오기 전에 흥미를 불러일으키는 예고편인 '티저 광고' 역시 이러한 원리를 이용한 것입니다. 앱이나 웹사이트에서는 여러분이 어떤 프로세스를 모두 끝마치지 않았을 때 진행표시줄에 알림을 띄워서 일을 마치도록 독려하는 용도로도 쓰인답니다.

⑦ 서열 위치 효과 Serial-Position Effect

사람의 기억에는 분명 한계가 있습니다. 그런데 가장 처음과 끝에 주어진 정보는 잘 기억하는 경향이 있죠. 이를 '서열 위치 효과'라고 합니다. 여러분이 프레젠테이션을 할 때 처음과 끝에 신경을 써야 하는 이유이기도 합니다. 만약 첫 번째 장이 강렬하지 않다면 청중은 금세 지루해할 겁니다. 이러한 서열 위치 효과는 웹사이트에서 시선을 사로잡는 커다란 상품 배너나 강렬한 카피라이팅 등에 활용됩니다. 그리고 마지막에는 가장 중요한 구매하기 버튼 등이 있겠죠. 지금 자주 가는 사이트에 한번 접속해 보세요. 처음 시선이 닿는 요소가 시각적으로 강조되어 있을 확률이 높습니다. 앞으로 이런 앱이나 웹사이트를 만날 때는 서열 위치 효과가 적용됐다고 생각하면 좋습니다.

⑧ 심미적 사용성 효과 Aesthetic-Usability Effect

우리는 어떤 사물의 디자인이 아름다우면 실제와는 상관없이 간단하고 사용하기 더 편할 것이라고 추측하는 경향이 있습니다. 외관이 아름다운 디지털 제품들을 떠올려 봅시다. 실제로 기능이 별로거나 불편해도 제품의 외관이 아름답다는 이유로 심리적으로 너그러워지는 효과가 있답니다. 여러분도 실제 기능이나 사용성과는 별개로 예뻐서 사용하고 있는 서비스나 기기가 한두 가지쯤은 있을 거예요.

    지금까지 우리가 매일 사용하는 앱에 녹아든 대표적인 여덟 가지 심리 법칙을 알아보았습니다. 이러한 심리 법칙들은 여러분이 많은 고민 없이도 앱에서 쉽게 사용 목표를 달성하도록 도와주는 훌륭한 장치라는 점 또한 잊지 않길 바랍니다.

매일 보는 인스타그램? 지루할 틈이 없어요: 당겨서 새로고침과 슬롯머신

우리가 일상에서 매일 쓰는 인스타그램에는 중독적인 요소가 많습니다. 왜 그럴까요? 세상에 널린 수많은 앱 사이에서 사람들의 관심을 끌고 경쟁에서 이겨야 살아남을 수 있기 때문이죠. 그러기 위해서는 사용자들의 앱 재실행률을 높여야 합니다. 이때 중독적인 사용자 경험이 많이 활용됩니다. 이야기를 본격적으로 시작하기 앞서 이 장을 잘 이해하기 위해서는 인간이 생각보다 '쉽게 설득당하는 존재'라는 사실을 인정해야 합니다. 이게 무슨 말일까요?

먼저 인간에게 가장 중요한 기관인 '뇌'의 특성을 살펴봅시다. 성인의 뇌 무게는 1.2~1.5kg 정도에 불과합니다. 이 작은 기관이 소비하는 인체의 에너지는 전체의 20%나 될 정도로 무시무시하죠. 이러한 특성 때문에 뇌는 고민하는 것을 지독히 싫어한답니다. 익숙한 길을 걸을 때나 칫솔질할 때, 젓가락질할 때 등을 떠올려 보면 별다른 고민 없이 무의식적으로 움직입니다. 만약이런 사소한 행위들까지 모두 의식한다면 우리는 금세 녹초가 되고 말 겁니다. 뇌는 극도의 효율성을 추구하는 기관입니다. 그래서 미국의 심리학자인 수잔 피스케와 셸리 테일러는 뇌에 다음과 같은 별명을 붙였죠. "우리 뇌는 고민을 지독히 싫어하는 '인지적 구두쇠'다."

　인간의 뇌는 크게 자동 시스템Automatic System과 숙고 시스템Reflective System이라는 두 가지 방식으로 작동합니다. 자동 시스템은 굳이 노력하지 않아도 자동으로 떠오르는 사고방식을 뜻하며, 숙고 시스템은 의식적으로 노력해야 하는 분석적 사고를 말합니다. 물론 인간에게 이 두 시스템은 모두 중요합니다. 익숙한 등굣길을 한번 떠올려 볼까요? 여러분은 모퉁이를 돌 때나 조금 복잡한 골목길을 갈 때 대부분 고민 없이 걸어갈 수 있습니다. 휴대폰을 만지작거리거나 잠시 딴생각을 하더라도 길을 잃지 않는 이유가 바로 이 자동 시스템 덕분입니다. 웹 서핑을 하며 무의식적으로 다양한 사이트에 링크를 타고 갈 수 있는 것도 마찬가지이고요.

　반면 숙고 시스템은 자동 시스템과 달리 많이 의식해야 행동으로 이어집니다. 시험 시간을 떠올려 볼까요? 수학 문제 하나를 풀 때도 고민을 거듭해야 겨우 해결이 됩니다. 계속해서 떠오르는 생각들을 의심하며 정확한 답을 찾기 위한 과정에서 우리 뇌는 생각보다 더 많은 에너지를 사용합니다. 우리가 매 순간을 계속해서 수학 문제 풀듯이 보내면 어떻게 될까요? 금세 방전돼 지치고 말 겁니다. 앞서 살펴본 것처럼 뇌는 고민에 에너지를 쓰기 싫어하는 구두쇠 같은 측면이 있습니다. 즉, 고민 없이도 빠르게 정답을 찾고 싶어 하는 것이죠.

디지털 세상은 이러한 뇌의 특성을 반영해 디자인되었습니다. 우리가 앱이나 웹사이트에서 만나는 페이지의 기본 설정을 생각해 보면 이해하기가 쉽습니다. 컴퓨터 운영체제로 유명한 마이크로소프트사의 조사에 따르면 사용자의 95%가 웹사이트나 앱에 최초 설정된 기본 설정을 바꾸지 않는다고 합니다.

인스타그램 프로필 화면의 우측 최상단에 있는 햄버거 메뉴(≡)를 클릭하면 톱니바퀴처럼 생긴 설정 아이콘이 나옵니다. 설정 아이콘을 누르면 기본값을 바꿀 수 있는 매우 다양한 메뉴가 나오는데요. 여러분은 여기 있는 기본값을 바꿔 본 적이 있나요? 아마 대부분 없을 것입니다. 따라서 디지털 경험을 설계하는 디자이너들은 95%의 사용자를 위해 다수가 선호하는 방식으로 디폴트, 즉 기본값을 만들게 됩니다. 자동 시스템만으로도 앱을 이용하는 데 무리가 없도록 페이지를 디자인하는 것이죠. 서비스 제공자는 사용자가 여러 번 클릭하지 않아도 앱의 목적이나 주제를 빠르게 파악할 수 있도록 디자인하는 것이 좋습니다. 즉, 최초 사용자에게 주어지는 첫 화면이 무척이나 중요한 셈이죠.

기본값 말고도 자동 시스템을 활용한 인터페이스는 다양합니다. 그중에서도 '당겨서 새로고침Pull to Refresh' 기능은 무의식을 활용한 대표적인 인터페이스입니다. 이 기능으로 우리는 인스타그램을 보다가 무심코 피드를 당겨 새로운 콘텐츠를 끊임없이 확인합니다. 간단한 동작만으로 무한에 가까운 피드를 불러올 수 있는 셈이죠.

당겨서 새로고침은 놀랍게도 카지노에 있는 슬롯머신의 작동 원리와 무척 비슷합니다. 슬롯머신은 레버를 밑으로 당기는 간단한 행위로 화면에 새로운 그림 조합을 무한정 만들어 냅니다. 슬롯머신이 그토록 중독성 있는 이유는 바로 이 원리 때문입니다. 간단한 행위에 따르는 보상이 랜덤하기 때문이죠. 행위가 더 쉽고 보상이 랜덤할수록 중독성은 계속 올라갑니다. 이러한 중독 심리를 앞서 '가변적 보상 심리'라고 설명한 바 있습니다. 우리가 인스타그램에서 피드를 밑으로 당겨 얻는 결과들과 닮지

당겨서 새로 고침

않았나요?

    슬롯머신은 미국에서 야구와 영화, 놀이공원의 수입을 합한 것보다 더 높은 매출을 올리고 있다고 합니다. 카지노에 있는 다른 종류의 도박보다 중독성이 네 배나 더 높기도 합니다. 우리가 어떤 앱에서 중독성을 느낀다면 슬롯머신의 가변적 보상 심리를 떠올려 볼 필요가 있습니다. 인스타그램이나 유튜브처럼 사용자가 오래 머물도록 설계된 앱에는 대부분 이런 심리 법칙이 녹아 있기 때문입니다.

이러한 중독적인 심리 법칙은 특히 뇌의 가장 앞부분에 위치한 전두엽에 큰 영향을 미칩니다. 전두엽은 장기적인 목표를 수립하고 올바른 의사결정을 하기 위해 충동적인 행동을 억제하며, 사회적 행동과 관련된 고차원적인 기능을 담당하는 기관입니다. 그런데 당겨서 새로고침을 통해 무한히 쏟아지는 피드나 좋아요, 댓글, 새로운 팔로워 등 SNS를 구성하는 수많은 요소가 뇌의 보상 시스템을 활성화합니다. 전두엽은 이러한 보상 시스템을 조절하는 역할을 하지만 SNS를 통해 과도한 보상이 주어지면 결국 조절 기능이 약화돼 판단력이 저하되고 중독적인 행동을 끊는 의사결정 능력 또한 약해집니다.

그런데 사실 자동 시스템을 활용한 인터페이스는 고마운 존재이기도 합니다. 우리가 매번 앱이나 웹사이트를 탐색할 때 고민하게 된다면 금방 에너지를 잃고 말겠죠. 선한 의도로 설계된 자동 시스템은 우리의 고민을 대폭 줄여 빠르게 목표를 달성하는 데 많은 도움을 줍니다. 가변적 보상 심리가 부정적인 측면만 있는 것은 아닌 셈이죠. 따라서 여러분은 앱이나 웹사이트의 설계 원리를 미리 파악하고 조금 더 입체적인 시각으로 디지털 세상을 바라보는 연습을 해야 합니다.

딱 10분만 보려고 했는데 벌써
2시간이 지났어!: 무한 스크롤과 무한 재생

우리가 사용하는 디지털 앱에서 '무한'이라는 키워드는 무척 중요합니다. 대표적으로는 SNS의 무한 스크롤과 유튜브나 넷플릭스의 무한 재생 기능이 있습니다. 얼핏 보면 이러한 기능들은 사용지의 선택지를 줄여 줌으로써 삶을 편리하게 만들어 주는 것처럼 보입니다. 그런데 무한 기능에는 우리의 심리와 관련된 커다란 문제가 있습니다. 지금부터 무한 스크롤과 무한 재생 기능으로 정보를 받아들이는 여러분의 심리 상태를 살펴보겠습니다.

 **무한 스크롤**

웹사이트나 SNS에서 무한 스크롤이 적용된 것은 얼마 되지 않았습니다. 그리 멀지 않은 과거에는 화면 아래에 '더 보기' 버튼이 존재했습니다. 사용자는 버튼을 눌러 화면을 확장해야 다음 콘텐츠를 확인할 수 있었죠. 그런데 에이자 래스킨이라는 디자이너는 사용자가 스크롤하는 행위에 화면을 더 보고 싶다는 심리가 깔려 있는데 왜 굳이 정지 신호를 줘야 하는지 의심을 품었습니다. 그리고 과감히 정지 신호 버튼을 없애고 무한 스크롤의 공간을 열었습니다. 래스킨의 가설은 맞았고 무한 스크롤을 선택한 SNS나 웹사이트의 스크린 타임은 눈에 띄게 늘어났습니다. 사람들은 정지 신호보다 무한히 스크롤하며 정보를 얻는 행위를 더 선호했던 것이죠.

그런데 래스킨은 이후 한 인터뷰에서 무한 스크롤 인터페이스를 만든 것을 후회한다고 이야기했습니다. 인류에게서 너무 많은 시간을 뺏고 있다는 것이 이유였습니다. 타인의 빛나는 삶이나 쓸데없는 정크 콘텐츠를 보느라 정작 자기를 돌보는 시간이 사라지고 있다는 것이죠. 래스킨은 이후 '인도적 기술을 위한 센터Center for Humane Technology'라는 조직을 설립해 아이러니하게도 '인터페이스에 정지 신호를 복원하자'라는 캠페인을 벌이고 있습니다.

디지털 세상은 대부분 이러한 무한성과 관련 있게 디자인되었습니다. 대표적으로 웹사이트의 링크가 있습니다. 스웨덴의 정신과 의사 안데르스 한센에 따르면 대부분의 사람은 인터넷 페이지 다섯 개 중 한 개꼴로 채 4초도 머무르지 않으며, 10분 이상을 보내는 페이지는 전체의 4%에 불과하다고 밝혔습니다. 즉, 인간은 디지털 세상이 주는 정보보다 '링크'가 주는 연결성 자체에 더 큰 만족감을 느끼고 있는지도 모릅니다.

 ## 무한 재생

무한과 관련 있는 또 다른 인터페이스가 있습니다. 바로 유튜브나 넷플릭스 같은 영상 서비스에서 콘텐츠 한 편을 다 시청하면 바로 연달아 다음 콘텐츠가 재생되는 '무한 재생 기능'입니다. 여러분도 주말에 드라마 한 편만 볼 생각으로 넷플릭스를 틀었다가 오후를 다 날린 적이 있나요? 이런 경험은 여러분만의 잘못이 아닙니다.

정지 신호의 부재와 콘텐츠 소비에 얽힌 유명한 수프 실험이 하나 있습니다. 음식 섭취 행동 전문가인 브라이언 완싱크 박사는 탁자 아래에서 수프가 자동 보충되는 시스템을 만들었습니다. 실험 참가자들은 탁자에 앉아 마련된 수프를 먹습니다. 수프는 계속해서 자동 보충돼 줄어들지 않습니다. 놀랍게도 실험 참가자들은 무의식적으로 평소보다 평균 73%나 더 많은 수프를 먹었습니다.

우리는 무한 스크롤과 무한 재생 기능을 알아보며 정지 신호의 부재가 곧 불필요한 콘텐츠를 더 소비하게 만든다는 사실을 알게 되었습니다. 인간의 심리에 이러한 메커니즘이 깔려 있다는 사실을 깨닫는다면, 여러분의 삶에서 분명 많은 시간을 아낄 수 있을 것이라고 믿습니다.

Chapter 4

디자인으로
디지털 세상 읽기

LOADING...

시대의 흐름에 따라 변화하는
이모지 이야기

—

전 세계에서 사용 빈도가 가장 빠르게 늘고 있는 언어가 무엇인지 아나요? 놀랍게도 영어나 스페인어가 아니라 '이모지'입니다. 이모지는 사물이나 감정을 그림으로 단순화해 의미를 전달하는 '그림 글자'입니다. 이모지 검색 사이트 '이모지피디아(emo-jipedia.org)'는 이모지를 "작은 얼굴 같은 그림들을 휴대폰에서 사용할 수 있도록 표준화한 캐릭터들"이라고 정의했어요. 우리가 웹 서핑 중에 자주 보는 아이콘과는 성격이 조금 다릅니다. 이모지는 글이나 아이콘과 달리 감정을 그림으로 전달하기 때문이죠. 예를 들어, 페이스북에서 엄지손가락 이모지는 '좋아요'를 뜻합니다.

언어를 뛰어넘는 이모지의 특성 때문에 우리는 지구 반대편에 사는 친구와도 쉽게 소통할 수 있습니다. 교육 수준이 낮아 언어를 배우지 못한 사람도 이모지는 쉽게 이해합니다. 이모지는 언어와 달리 목적이 단 하나이기 때문이죠. 바로 '소통'입니다. 유니코드(전 세계적으로 컴퓨터에서 사용되는 표준 문자)에 등록된 이모지 수는 2,800개가 넘는다고 합니다. 세상에 이모지가 이렇게 많은 이유는 우리의 소통 방식이 그만큼 복잡하다는 증거겠죠?

여러분도 디지털 환경에서 친구들과 소통할 때 이모지를 많이 쓸 거예요. 이모지는 말로 하기 애매한 감정을 대신해 주는 고마운 도구죠. 과학자들은 웃는 이모지와 사람의 실제 웃는 얼굴이 뇌에서 같은 부분을 자극한다는 사실을 발견했어요. 웃는 이모지를 보면 기분이 좋아지는 건 기분 탓만은 아니라는 뜻입니다. 무심코 사용해 온 이모지가 조금은 달라 보이지 않나요? 다음은 이모지에 관한 흥미로운 통계입니다.

- 가장 인기 있는 이모지는 '기쁨의 눈물을 흘리는 얼굴(😂)'입니다.
- 2~4위는 모두 '사랑'과 관련된 이모지입니다.
- 페이스북 메신저에서는 매일 50억 개의 이모지가 전송됩니다.
- 페이스북 사용자 9억 명이 매일 이모지를 사용합니다.
- 온라인 사용자의 95%가 하루에 최소 한 번은 이모지를 사용합니다.

　전 세계에서 이모지를 정말 많이 사용한다는 것을 알 수 있는 통계네요. 이모지는 이처럼 소통 도구로도 사용되지만 변화하는 시대의 흐름을 읽는 장치로도 활용됩니다. 대표적인 예로 마스크를 쓴 이모지는 몇 년 전까지만 해도 마스크 위로 보이는 눈이 슬프게 디자인되었어요. 마스크는 원래 아픈 것을 상징하기 때문이죠. 그런데 코로나19 이후 마스크 이모지의 눈은 웃는 형태로 다시 디자인되었어요. 지금은 마스크를 쓰는 행위가 전염을 막는 사회적 행동이라는 뜻이 더 강해졌기 때문이죠. 코로나19가 우리의 기억에서 잊힐 때쯤 마스크 이모지의 눈은 또 어떻게 디자인될까요?

코로나19 이전의
마스크 이모지

코로나19 이후의
마스크 이모지

　이처럼 달라지는 시대 상황을 엿볼 수 있는 이모지 사례들을 더 살펴보겠습니다.

이제 육아는 엄마만의 몫이라고 할 수 없죠. 여러분도 동의할 거예요. 이러한 시대적인 변화에 발맞춰 육아 이모지(👨‍🍼)에 아빠가 추가되었어요. 산타 할아버지만 있는 것도 조금 섭섭하죠? 그래서 산타 할머니 이모지(🤶)도 추가됐어요. 남남 커플을 표현하는 이모지(👨‍❤️‍👨)도 추가됐어요. 이처럼 이모지들은 점점 더 다양성을 받아들이는 추세로 변화하고 있습니다.

힌두교를 상징하는 대표적인 축제인 디왈리 이모지(🪔)도 최근에 추가되었어요. 지역 문화를 나타내는 이모지는 유니코드 협회에서 특정 집단이 요청하면 심사한 후 추가합니다. 사우디아라비아 출신의 한 10대 소녀는 자신의 정체성을 가장 잘 표현할 수 있는 히잡 이모지가 없는 걸 알고, 유니코드 협회에 이모지를 추가해 달라고 건의했어요. 소녀의 제안은 받아들여졌고 휴대폰에서 히잡을 쓴 소녀 이모지(🧕)를 볼 수 있게 되었습니다.

지금까지 시대상에 따라 빠르게 변화하는 이모지에 대해 알아보았습니다. 여러분도 휴대폰을 쓰다 업데이트된 이모지를 발견할 때 사회의 변화와 연결 지어 생각해 보는 건 어떨까요?

AI가 그린 그림이
미술대회에서 우승했다고?

흰옷을 입은 한 사람과 붉은 옷을 입은 두 사람이 무대 중앙에 서 있습니다. 뒤로는 성화聖畵를 떠올릴 만한 멋진 풍경이 펼쳐져 있습니다. 이 그림은 미국 콜로라도 주립박람회 미술대회의 디지털 아트 부문에서 1위를 한 작품으로 제목은 〈스페이스 오페라 극장Theatre D'opera Spatial〉입니다.

그런데 여러분, 이 그림이 사람의 손은 조금도 닿지 않은, 모두 AI가 그린 그림이라는 사실을 믿을 수 있나요? 저는 이 그림을 처음 봤을 때 어마어마한 크기와 색감의 아름다움에 압도당했습니다. 순수하게 AI의 능력만으로 그린 그림이라고는 전혀 생각하지 못했습니다.

미국 콜로라도 주립박람회 미술대회에서 1위를 한 AI의 작품 〈스페이스 오페라 극장〉

이 그림은 게임 기획자인 제임슨 M. 앨런이라는 사람이 텍스트로 된 명령어를 입력하면 몇 초 후 이미지로 변환해 주는 AI 프로그램인 '미드저니Midjourney'를 사용해 제작했습니다. 예를 들어, "우주에 있는 오페라 극장에서 노래를 부르고 있는 사람들을 르네상스식 화풍으로 그려 줘."라고 입력하면 위와 같은 그림이 나오는 식입니다.

이 그림의 수상 소식은 이내 네티즌들 사이에서 커다란 논쟁거리가 되었습니다. 물론 이 미술대회에서 포토샵 같은 디지털 프로그램을 사용하는 것은 가능했지만, 텍스트가 그림이 된 AI의 작품은 인정할 수 없다는 것이었죠. 과격한 사람들은 SNS를 중심으로 앨런의 우승을 고도의 '부정행위'라고 비난하기도 했습니다. 그런데 앨런은 자신의 입장을 굽히지 않았습니다. 대회에 작품을 출품할 때 미드저니를 활용한 AI 작품이라는 사실을 밝혔다는 것이죠. 또한 〈스페이스 오페라 극장〉은 원하는 그림을 얻기 위해 약 80시간 가까이 다양한 텍스트를 반복해서 입력한 결과물이라는 것입니다.

여러분은 누구의 편을 들고 싶나요? 저는 이 논쟁에 애매한 부분이 있다고 생각합니다. 우선 인간이 직접 붓질을 하지 않았다고 해서 작품으로 인정받지 못한다는 점이 틀렸습니다. 이미 오래전부터 벽에 검정 테이프로 붙여 둔 바나나 미술관에 덩그러니 놓인 변기도 예술품으로 인정받고 천문학적인 금액으로 판매되고 있습니다. 창조를 위한 재료로서 미술과 동떨어진 것을 예술과 결합하는 '오브제objet'라는 개념은 현대미술에서 이미 상식입니다. 그런 측면에서 AI는 창조를 위한 재료로 충분히 활용될 수 있죠. 그런데 아직 법적으로 AI가 그린 그림에는 저작권이 없습니다. 저작권이란 법적으로 '인간의 사상 또는 감정을 표현한 창작물'을 의미하기 때문입니다. 그러니까 AI가 그린 그림은 국내에서 아직 저작물이 아니고 법으로도 보호받을 수 없습니다.

하지만 미드저니 프로그램이 학습한 수많은 그림에는 저작권이 있습니다. 몇몇 사람은 커다란 AI 호수에 지금까지 사람들이 쌓아 올린 저작권 작품들을 빠트려 마구 뒤섞는 것 아니냐고 비판합니다. AI가 학습하는 데 사용한 재료에 제대로 저작권료가 지급되고 있지 않기 때문입니다. 이처럼 AI 창작물에 대한 규제나 법이 없는 상태에서 텍스트를 써서 이미지를 만드는 프로그램은 미드저니 외에도 다양한 방식으로 속속 생겨나고 있습니다.

① 노벨AI NovelAI

대충 그린 그림을 수준 높은 일러스트로 변환해 줍니다.

② 포트레이트 AI Portrait AI

셀피를 업로드하면 AI가 순식간에 18세기풍 초상화로 만들어 줍니다. 오른쪽 그림은 제 셀피로 만든 결과물입니다.

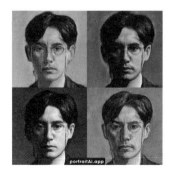

포트레이트 AI 초상화

③ 드림Dream

키워드를 입력하고 그림 스타일을 선택하면 AI가 자동으로 그림을 그려 줍니다. 오른쪽 그림은 '고양이'라고 입력하고 '유령 같은' 스타일을 선택해 얻은 그림입니다.

드림 AI 그림

④ 오토드로우AutoDraw

대충 그린 그림을 완성도 높은 클립아트로 바꿔 주는 사이트입니다. 첫 번째처럼 대충 그림을 그리면 두 번째 호랑이 클립아트를 얻을 수 있습니다.

오토드로우

　　이처럼 논쟁적인 측면과는 별개로 AI가 만드는 창작물의 세계는 눈부시게 성장하고 있습니다. 그림뿐 아니라 문장, 음악 등 AI 작품이 다양해지면서 저작권법도 개정될 것으로 보입니다.

　　특히 AI 언어 모델 중 하나인 '챗GPT'는 글로 활동하는 여러 창작물에 큰 파장을 일으키고 있습니다. 챗GPT는 인간과 최대한 유사하게 질문에 응답하기 위해 방대한 양의 텍스트 데이터로 훈련된 것이 특징입니다. 챗GPT는 이미 많은 영역에 활용되고 있습니다. 기사를 작성하는 데 쓰이고 영어 공부에도 사용할 수 있습니다. 심지어는 복잡한 코딩을 대신해 주기도 합니다.

> 디지털은 앞으로 세상을 어떻게 바꿀까?

> 디지털 기술은 앞으로 세상을 많은 방식으로 변화시킬 것입니다. 예를 들어, 인터넷과 모바일 기술은 정보 접근성과 통신 방식을 크게 변화시켰습니다. 인공 지능과 머신 러닝 기술은 다양한 산업 분야에서 자동화와 효율성을 향상시킬 것입니다. 또한, 블록체인 기술은 정보의 보안과 투명성을 향상시킬 수 있습니다.
>
> 그 외에도, 디지털 기술은 건강, 에너지, 교통, 교육, 문화 등 다양한 영역에서 지속 가능한 미래를 꿈꾸는 사람들에게 도움을 줄 수 있습니다.
>
> 결국, 디지털 기술은 우리 사회와 개인의 라이프스타일을 크게 바꾸며, 앞으로의 세상을 혁신적으로 만들 것입니다.

'디지털은 앞으로 세상을 어떻게 바꿀까?'라는 질문에 대한 챗GPT의 대답

저도 글을 쓸 때 쓰려는 주제에 대해 챗GPT는 어떻게 생각하는지 먼저 물어보는 습관이 생겼습니다. 하지만 챗GPT를 비롯한 다양한 AI 도구들은 우리의 사고를 확장하는 도구 정도로만 활용해야 합니다. 과하게 의존하는 순간 우리의 비판적 사고는 멈추고 획일화된 답만 내놓게 되기 때문입니다. 챗GPT에 대한 이야기는 6장에서 더 자세히 살펴보겠습니다.

국내에서도 AI가 만드는 창작에 개입하는 사람의 권리를 인정해 줄 가능성이 점점 커지고 있습니다. 머지않은 미래에는 그림에 소질이 없더라도 훌륭한 웹툰 작가가 될 수 있는 날이 올지도 모르겠네요.

다른 사람이 나의 집중력을
감시할 수 있다면?

—

누군가가 여러분의 머리에 헤드밴드 같은 장치를 씌우고 그래프 형태로 집중력을 실시간 측정한다면 어떤 기분이 들까요?

실제로 중국에서는 아이들의 성적을 높이기 위해 이러한 실험이 진행 중입니다. 헤드밴드 앞에 부착된 LED의 색으로 집중력 정도를 파악하는 것이죠. 하얀색은 두뇌 안정 단계, 파란색은 집중력이 흐트러진 단계, 노란색은 집중 시작 단계, 붉은색은 최고의 집중력 단계라는 의미입니다. 교사는 모니터로 현재 누가 산만한지 바로 파악할 수 있습니다.

하지만 어린 학생들이 단체로 헤드밴드를 끼고 수업을 듣는 사진이 블로그에 올라오자 네티즌들은 이내 비판을 쏟아 냈습니다. 아이들이 왜 집중력까지 감시당해야 하냐는 것이죠. 이 기술

101

은 전에 없던 전혀 새로운 차원의 윤리적 문제를 만들어 냈습니다. 끝까지 보호되어야 하는 내밀한 기분이나 감정을 숨기지 못하고 감시당하는 상태를 의식해야 하는 것이죠. 이는 여지껏 인류가 한 번도 고민해 본 적 없는 인간의 내면을 검열하는 문제입니다. 정말 무서운 일입니다.

뇌파로 집중력을 모니터링하는 이 기술은 하버드대학교의 한 중국인이 개발했습니다. 원래 목적은 헤드밴드로 수집된 데이터를 활용해 더 좋은 수업 환경을 만드는 것이었다고 합니다. 하지만 새로운 기술은 다양한 상황과 만나면서 처음의 의도를 잃어버릴 때가 많습니다.

대표적인 예가 다이너마이트입니다. 노벨은 당시에 폭발물로 자주 쓰이던 '니트로글리세린'이 수시로 사고를 일으키자 안정성을 높인 다이너마이트를 개발했습니다. 하지만 이것은 노벨의 기대와 달리 광산보다 전쟁에서 더 많이 사용됐습니다. 절망한 노벨은 다이너마이트로 번 돈을 기금으로 조성해 노벨상을 제정했습니다. 아무리 최초의 의도가 선하더라도 기술은 상황에 따라 어떤 형태로 모습을 바꿀지 아무도 모릅니다. 기술이 가진 근본적인 두려움입니다.

현재 세계 초강대국인 중국과 미국은 데이터를 두고 기술

전쟁 중입니다. 서로 더 나은 AI를 만들기 위해 엄청난 자본을 투자하고 있죠. 미국의 전기차 회사인 테슬라에게는 미래의 자율 주행 기술을 위해 차량이 실제 도로를 달리며 만들어 내는 데이터가 무척 중요합니다. 그런데 중국에서 발생되는 테슬라의 데이터는 중국 내에서만 저장됩니다. 중국 정부가 차량, 특히 전기차에 붙어 있는 카메라나 센서등이 중국 안보에 위협이 된다고 판단하여 이동을 철저히 감시하기 때문입니다.

반대로 미국은 과거 중국의 숏폼 서비스 틱톡이 민감한 사용자 데이터를 수집한다는 사실을 확인하고 앱스토어에서 퇴출해야 한다고 목소리를 높이기도 했습니다. 더불어 중국 정부가 틱톡에 있는 미국 사용자의 데이터에 접근할 가능성에 대해서도 우려를 표했습니다.

이처럼 데이터를 중심에 두고 두 나라가 날이 선 가운데 중국이 미국보다 확실히 앞선 분야가 하나 있습니다. 바로 사람의 얼굴을 인식하는 '안면 인식 AI'입니다. 중국의 거리에는 곳곳에 CCTV가 빼곡히 설치되어 있습니다. 중국 전역에 무려 6억 대가 넘는 CCTV가 있다고 하죠. 수많은 고화질 카메라로 얻은 데이터는 곧 안면 인식 기술과 연결됩니다. 이를 활용해 사람들이 어디를 돌아다니는지 실시간으로 모니터링할 수 있는 수준에 이르

렸습니다. 만약 어떤 사람이 무단횡단을 하면 휴대폰에 알람이 울리고 교통법규 위반에 대한 벌금 안내 문자가 바로 전송됩니다. 안전벨트 미착용, 과속, 불법주차 같은 교통법규 위반 역시 통제 대상입니다.

안면 인식 기술은 일상생활을 편리하게 해 주는 측면도 있습니다. 중국의 인터넷 플랫폼 기업 알리바바의 전자 결제 시스템인 알리페이에 내 얼굴을 등록하고 이와 연결된 카페나 음식점에 설치된 기기 앞에 서 있으면 자동으로 결제가 됩니다. 카드를 대지 않아도 얼굴 인식만으로 회사나 집에 출입할 수 있고, 물건도 살 수 있습니다. 하지만 안면인식 정보가 수많은 곳으로 빠져나가는 것은 막을 수 없겠죠.

한국을 비롯한 많은 국가에서는 개인의 사생활 침해 문제 때문에 이러한 데이터를 수집하기가 쉽지 않습니다. 특히 미국처럼 개인의 권리가 중요한 나라에서는 국가가 나서서 데이터를 수집하는 일은 꿈도 꾸기 어렵습니다. 그러나 중국처럼 국가 중심의 경제체제에서는 데이터 수집이 비교적 자유롭습니다. 따라서 많은 양의 데이터를 학습해야 하는 AI에 중국은 딱 들어맞는 국가입니다. 중국은 2030년까지 세계에서 가장 높은 AI 기술을 갖추겠다는 포부를 가지고 있기도 합니다. 앞으로 세계의 데이터

주도권은 과연 양국 중 누가 갖게 될까요? 제3의 국가가 등장하지는 않을까요?

지금까지 교실에서 아이들의 집중력을 모니터링하는 헤드밴드를 시작으로 미국과 중국의 데이터 경쟁, 중국의 안면 인식 AI 기술의 발전 등을 살펴보았습니다.

왜 아무 기능도 없는
휴대폰을 출시할까?: 라이트폰

—

현대인은 스마트폰 액정을 보며 많은 시간을 보냅니다. 소셜 미디어에서 친구의 소식을 듣고, 내가 좋아하는 아이돌의 컴백 날짜를 보고, 카카오톡에서 학교 공지를 보기도 합니다. 저 역시 올해 스크린 타임(사용자의 스마트폰 이용 시간을 측정하는 아이폰의 한 기능)을 줄여 보기로 결심했는데 생각처럼 쉽지 않습니다. 제 주위에도 스마트폰 중독에서 벗어나기 위해 다양한 방법을 동원하는 사람이 많답니다. 이번에는 이러한 시대적 흐름에 맞게 아무 기능 없이 설계된 라이트폰에 대해 알아보겠습니다.

라이트폰의 디자인은 무척 단순합니다. 맨 위의 스피커 구멍을 제외하고는 물리적인 버튼이 없습니다. 이러한 라이트폰의 생김새는 회사의 슬로건을 잘 반영하고 있습니다.

'a phone for humans.'

　'인간을 위한 전화기'. 자칫 거창해 보이는 이 문장에서 '인간을 위한'이란 어떤 의미일까요? 손바닥 크기의 라이트폰은 최소한의 기능만 담고 있습니다. 전화와 문자, 알람, 계산기 등이 전부입니다. 즉, 라이트폰은 '최소한만 사용하도록 설계된 원초적인 전화기'입니다. 라이트폰은 안드로이드나 iOS 대신 직접 개발한 자체 OS를 사용하며 소셜 미디어나 광고, 뉴스나 이메일 기능을 제공하지 않습니다. 사람들이 디지털 중독에서 벗어나 현실 세계에 집중할 수 있도록 돕는 역할을 하죠.

　라이트폰 광고에서는 그들의 철학이 더 뚜렷하게 나타납니다. 초반에는 스마트폰에 중독된 사람들의 모습을 보여 줍니다. 불이 꺼진 침대에서 한 사람이 스마트폰에 몰두하고 있습니다. 그 뒤로 깜깜했던 창밖이 어느덧 낮이 되어 버려요. 한적한 곳에서 쉬면서도 스마트폰에서 눈을 떼지 못한 채 '좋아요' 버튼을 끊임없이 누르는 사람도 등장합니다. 왠지 남의 일이 아닌 것 같네요. 광고 후반에는 스마트폰의 연결에서 해방된 사람들의 일상이 나옵니다. 친구에게 전화를 걸어 약속을 잡고, 자전거를 타고, 라이트폰에 달린 카메라로 필터 없이 진짜 세상을 찍는 사람들이 나옵니다. 생각해 보면 쉼 없이 울리는 스마트폰의 푸시 알림 때문에 라이트폰 광고에서 보여 주는 평범한 일상을 누리기가 너무 어려워진 것 같습니다.

앞서 잠깐 등장한 스웨덴의 정신과 의사 한센은 우리가 하루 평균 2600번가량 스마트폰을 터치하고, 세 시간 이상 스마트폰을 보며, 30차례 이상 스마트폰 잠금을 해제한다고 말했습니다. 즉, 우리의 하루는 수많은 서비스에 늘 연결돼 있다는 뜻입니다. 이로 인해 뇌는 늘 과부하 상태에 놓여 있죠. 과연 세 시간의 스크린 타임 중 의미 있는 정보를 확인하는 시간은 얼마나 될까요? 제 스마트폰을 보니 친구가 주말에 어떤 핫플에 놀러 갔는지, 내가 팔로우하는 셀럽이 어제 어떤 음식을 먹었는지 같은 정보들로 가득했어요. 과연 이런 정보를 보는 시간을 빼면 하루에 세 시간이나 되는 스크린 타임이 필요할까요? 라이트폰이 세상에 나온 이유는 여기에 있는 것 같습니다.

우리가 현재 누리고 있는 디지털 환경을 만드는 데 큰 영향을 미친 기업 중 하나는 애플일 거예요. 라이트폰은 몇 년 전 미국의 애플 본사 근처 지역인 쿠퍼티노와 소마 지구에서 의미 있는 실외 광고를 진행했습니다. 현재 애플의 CEO인 팀 쿡에게 보내는 메시지를 광고처럼 활용한 것이죠. 광고는 라이트폰만큼이나 간결했습니다. 검은색 바탕에 하얀색 글씨가 전부였죠. 서체는 마치 사람이 쓴 것처럼 삐뚤빼뚤했고요. 내용은 다음과 같았습니다.

"팀 쿡에게,
당신은 기술이 인류를 위해 봉사해야지 그 반대는 안 된다고 말했어요.
우리는 그 말에 동의해요."

이 짧은 메시지를 보고 여러분은 어떤 감정이 들었나요? 실제로 스마트폰과 우리를 둘러싼 편리한 기술들이 우리를 위해 봉사하고 있다고 생각하나요? 아니면 그 반대일까요?

디지털 때문에 동물들이 위험해진다고?: 동물권 감수성

—

여러분은 동물의 권리에 대해 생각해 본 적이 있나요? 동물은 오랫동안 인간에게 필요하다는 이유로 희생되었습니다. 식량을 위해, 패션을 위해, 즐거움을 위해. 그런데 동물들도 생명권을 지니고 법적 보호를 받으며 학대 당하지 않을 권리가 있다는 '동물권animal rights'이라는 개념이 널리 퍼지고 있습니다. 국가가 동물 보호를 책임진다는 조항을 헌법에 넣자는 움직임 역시 빨라지고 있어요. 스위스와 독일 등은 동물 보호가 헌법에 이미 규정되어 있고, 한국도 '동물은 물건이 아님'을 나타내는 조항이 새로 추가되었습니다.

하지만 사회 일각에서는 여전히 동물을 향한 불필요한 착취나 학대가 무분별하게 일어나고 있습니다. 반려동물과 농장 동물을 대하는 이중적인 잣대 역시 극복해야 하는 문제입니다. 동물은 물건이 아니라고 헌법에 표기되었지만, 동물을 도구로 대하던 오래된 사회적 인식이 하루아침에 바뀌기는 쉽지 않아 보입니다.

이번 장에서는 논의를 조금 더 확대해 디지털 기술의 발전이 만들어 낸 새로운 동물 착취 사례를 살펴보고 입체적인 시각으로 동물권을 바라보도록 하겠습니다.

우유 생산량을 높이기 위해 VR을 쓰는 젖소들

한적한 푸른 초원을 거니는 젖소 무리를 보면 마음이 평화로워집니다. 그런데 가까이 가 보니 젖소들이 모두 VR 고글을 쓰고 있다면 어떤 생각이 들까요? 영화 아니냐고요? 이것은 러시아 모스크바의 한 낙농장에서 실제로 일어난 일입니다.

모스크바 농식품부는 보도자료에서 소들이 VR 기기로 사계절 내내 맑은 여름 풍경을 본다고 밝혔습니다. 소는 사람에 비해 빨간색은 잘 인식하지만, 파란색과 녹색은 잘 알아보지 못한다는 점도 기술에 반영되었습니다. 이렇게 함으로써 소들은 불안감을

젖소가 VR 기기를 쓴 모습 (출처: 모스크바 지역 농식품부)

덜 느끼게 되고 결과적으로 우유 생산량이 증가한다는 주장입니다. 수의사와 함께 설계한 VR 고글은 소머리의 특징을 고려해 특수 제작되었다고 합니다. 지금까지의 실험 결과는 긍정적입니다. 실제로 우유 생산량을 높이는지는 알 수 없지만, 젖소들의 불안감이 전반적으로 줄어들었다는 것입니다. 러시아 농식품부는 이후 VR 고글을 쓴 젖소의 우유 품질을 더 과학적으로 연구할 계획이라고 밝혔습니다.

여러분은 어떻게 생각하나요? 저는 이런 긍정적인 측면들을 충분히 고려하더라도 고글을 쓴 소의 모습을 보니 생각이 복잡해졌습니다. 기술이 만들어 낸 소의 심리적 안정이 우유를 얻기 위한 또 다른 형태의 착취일 수 있기 때문입니다. 이 기사를 본 일부 네티즌들은 가상이 아니라 실제로 더 좋은 사육 환경을 조성해야 한다고 주장하기도 했습니다. 젖소가 행복하면 VR 없이도 고품질 우유를 생산할 수 있기 때문입니다. 또 한편에서는 VR 고글의 몇 가지 한계를 지적하기도 합니다. VR의 짧은 배터리 수명으로 인해 고글을 벗었을 때 젖소가 느낄 수 있는 정신적 충격 등입니다.

정답은 이미 정해져 있습니다. 기술적으로 젖소를 착취하지 않으면서 소의 행복도를 올리면 됩니다. 미국의 일부 낙농장에서는 농부들이 축사에 회전 브러시를 설치해 소에게 마사지를 해 줍니다. 유럽에서는 소가 더 자유롭게 넓은 공간을 돌아다닐 수 있는 환경을 만들고, 클래식 음악을 틀어 주기도 합니다.

결국 젖소를 좁은 축사에 가둬 우유를 착취하는 현재 시스템이 지속 가능한 것인지 논의하는 과정으로 돌아오게 됩니다. 앞으로의 생산은 양과 질의 문제 이전에 상품 생산 과정이 윤리적으로 문제가 없는지에 관한 꼬리표가 항상 따라다닐 것이기 때문입니다.

유튜브 콘텐츠로 소비되는 동물들

여러분은 유튜브에 귀여운 동물이 등장할 때 어떤 생각이 드나요? 상상만 해도 웃음이 나는 귀여운 동물들은 온라인 공간에서 생각보다 더 큰 어려움을 겪고 있답니다.

국내에서 가장 영향력 있는 동물권 단체인 카라가 2020년에 조사한 바에 따르면 유튜브에서 동물 키워드로 업로드된 영상 가운데 24%가 동물을 학대하는 영상이었고, 34%는 야생동물을 만지거나 잡는 영상이었습니다. 오른쪽 그래프는 유튜브에서 동물을 주제로 활동하는 79개 계정에서 나온 413개 영상에 대한 통계입니다. 여기에는 총 82종 이상의 동물이 등장했고 개(47%)와 고양이(24%)의 출연 비율이 가장 높았습니다. 4개월 미만의 어린 동물이 출연한 비율도 무척 높게 나타났습니다. 카라의 통계만 봐도 동물들은 이미 다양한 형태의 콘텐츠로 소비되고 있다는 것을 알 수 있습니다.

비단 유튜브만의 문제는 아닐 것입니다. 틱톡 같은 숏폼 플랫폼에서도 동물들은 비슷한 고통을 받고 있습니다. 콘텐츠로 소비되는 동물 중 다수는 위험한 상황에 놓여 있습니다. 더 큰 문제

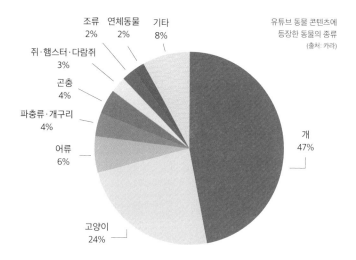

조류 2% · 연체동물 2% · 기타 8% · 쥐·햄스터·다람쥐 3% · 곤충 4% · 파충류·개구리 4% · 어류 6% · 고양이 24% · 개 47%

유튜브 동물 콘텐츠에
등장한 동물의 종류
(출처: 카라)

는 우리가 동물 관련 콘텐츠를 대개 즐거움을 위해 시청하기 때문에 그 내용이 학대인지 아닌지 판단하기가 어렵다는 데 있습니다. 제작자 역시 콘텐츠의 조회 수가 목적이므로 소재나 제목을 더 자극적으로 만들게 됩니다.

더불어 유튜브 콘텐츠의 특성상 과도한 연출도 문제입니다. 심지어 사실이 아닌 경우도 많습니다. 미국의 동물 복지 자선단체 '레이디 프리씽커Lady Freethinker'는 유튜브에서 동물이 피해를 입었거나 심각한 심리적·육체적 고통 등을 입은 것으로 보이는 동영상 2,053개를 파악했습니다. 이 과정에서 어린 고양이나 개가 뱀이나 악어 같은 포식자에게 위협을 당하고 있을 때 사람이 등장해 구해 주는 영상이 연출로 밝혀졌습니다. 이 외에도 동물끼리 싸움을 붙이거나 동물을 고문하거나 동물이 천적에게 먹히는 영상들은 모두 합쳐 12억 회에 달하는 조회 수를 기록하기도 했습니다. 단체는 가이드를 위반한 동물 학대 영상들을 삭제하도록 하는 청원을 계속해서 진행 중입니다.

세계적으로 문제가 되고 있는 동물 학대 영상을 막는 유일한 방법은 관심을 주지 않는 것입니다. 아무리 유튜브의 가이드라인이 엄격해지더라도 사용자들이 동물 학대 영상을 계속해서 시청한다면 생산자들은 제작을 멈추지 않을 것입니다. 앞으로 여러분이 플랫폼에서 동물 영상을 볼 때는 가학적인 측면이 있지는 않은지 꼭 확인하길 바랍니다. 그리고 위반 요소가 있다면 꼭 해당 플랫폼에 콘텐츠를 신고해야 합니다.

동물권에 대한 인식을 높이는 다양한 움직임들

다행히 사회 곳곳에서 동물권에 대한 선한 움직임이 늘어나고 있습니다. 특히 MZ세대를 중심으로 등장한 '펫숍이 아니라 유기 동물 보호소에서 동물을 입양하자'는 메시지는 많은 사람의 공감을 얻고 있습니다. 유기 동물을 입양하고 실종 동물을 찾을 수 있는 앱 '포인핸드' 또한 큰 호응을 얻고 있습니다.

동물과 관련 있는 다양한 브랜드도 동물권을 옹호하는 활동을 활발히 하고 있습니다. 반려동물 간식을 판매하는 '바잇미'는 소비자가 반려동물 간식을 두 개 구입하면 하나는 유기 동물에게 기부되는 'Buy 2 Give 1' 캠페인을 진행해 큰 호응을 얻었습니다. 모피로 희생되는 동물들의 권리를 옹호하는 패션 브랜드 '비건타이거' 역시 동물을 착취해 생산하는 소재에 반대함으로써 지속 가능한 패션과 라이프 스타일을 추구하는 사람들에게 호평을 받고 있습니다. 요즘 시대의 패션은 단순히 나를 멋지게 꾸미는 것을 넘어서 내가 추구하는 사회적 가치를 표현하는 수단으로 점차 자리를 잡는 중입니다.

Chapter 5

바위 같은
완벽한 세상을
내리치는 달걀들

LOADING···

|||||||||||||||||||||

함께 살아가는 사회를 꿈꾸며: 포용적 디자인

20대에 80대 노인으로 변장해 3년을 산 디자이너가 있습니다. 패트리샤 무어라는 미국의 산업 디자이너 이야기입니다. 그녀는 왜 이런 힘든 결심을 하게 된 걸까요? 회사에서 냉장고 손잡이를 디자인하는 업무를 맡았던 그녀는 어느 날 문득 '힘이 약한 노인들도 냉장고를 쉽게 열 수 있도록 손잡이를 디자인해야 하지 않을까?'라는 생각이 들었습니다. 그리고 다른 디자이너들에게 자신의 의견을 이야기했는데 냉담한 대답이 돌아왔습니다.

"우리는 그런 사람들을 위해 디자인하지 않아."

무어는 충격에 빠졌습니다. 당시 그녀가 몸담고 있던 회사에는 당대 최고의 디자이너들만 모여 있었기 때문입니다. 회사의 디자이너들이 보기에 노인들은 소비자가 아니었습니다. 디자인의 선한 영향력을 믿고 있던 무어는 고민 끝에 자신의 생각이 틀리지 않았다는 것을 증명하기 위한 급진적인 실험을 시작했습니다. 철제 보조기로 다리를 뻣뻣하게 만들고, 솜으로 귀를 틀어막고, 메이크업 아티스트의 도움을 받아 사실적인 주름을 만들었습니다. 머리에는 흰머리 가발을 쓰고 눈에는 뿌연 안경을 써서 시야를 흐리게 만들었습니다. 그렇게 노인의 모습이 된 패트리샤는 그 모습으로 3년을 살아갑니다.

그러자 놀랍게도 평소에는 신경도 쓰지 않던 것들이 자신을 힘들게 한다는 사실을 깨달았습니다. 평소엔 10분이면 충분한 거리가 1시간이나 걸리고 신호등 녹색 불이 순식간에 빨간색으로 넘어간다는 사실 등을 말이죠. 실험을 마친 무어는 바닥이 낮고 출입구에 계단이 없는 저상버스와 물이 다 끓으면 소리가 나는 주전자 같은 약자를 배려한 디자인을 합니다. 이런 디자인은 노인 계층이 일상에서 겪는 어려움에서 출발했지만, 그 외에 다양한 약자들 역시 편리하게 사용할 수 있었습니다.

사회적으로 소외된 계층과 약자를 배제하지 않는 이런 디자인 유형을 '유니버설 디자인universal Design' 혹은 '인클루시브 디자인

Inclusive Design'이라고 부릅니다. 유니버설 디자인은 실물 제품이나 건물을 디자인하는 일에 가깝다면 인클루시브 디자인은 눈에 보이지 않는 의사소통과 서비스 영역까지 아우르는 조금 더 넓은 개념이라는 차이가 있습니다. 시각 장애인과 청각 장애인을 고려해 자막, 음성 안내 등을 지원하는 웹사이트가 대표적인 예입니다.

디자인의 본질에는 원래 '배려'라는 키워드가 들어가 있습니다. 웹사이트의 아이콘이나 기호는 복잡한 정보를 쉽게 전달하기 위해 고안되었고, 잘 디자인된 간판은 별다른 설명 없이도 그 가게가 제공하는 서비스를 파악할 수 있습니다. 이러한 눈에 보이지 않는 디자인의 배려 덕분에 우리는 크게 고민하지 않고도 일상을 편리하게 누릴 수 있는지도 모릅니다.

그런데 왜 인클루시브 디자인이라는 개념이 탄생하게 되었을까요? 무어의 일화에서 알 수 있듯이 우리가 일상에서 접하는 대부분의 디자인이 '정상인'이라는 기준에 맞게 계획되고 설계되기 때문입니다. 이 문제를 기술적인 측면에서 생각해 봅시다. 사람은 기술을 사용할 때 보고 듣고 만지는 것에 크게 의존합니다. 여기서 과연 정상이라는 범위를 완벽하게 설정할 수 있을까요? 꼭 심각한 장애가 아니더라도 어떤 사람은 청력이 떨어지거나 시력이 나쁠 수 있습니다. 약자를 배려하는 디자인이란 어쩌면 우리의 상상 속에만 존재하는 '정상'이라는 이미지에서 벗어나는 것부터 시작해야 할지도 모릅니다. 그런 측면에서 이번 장의 주제인 '포용적 디자인'은 디자인의 장식적인 측면에서 더 나아가 배려를 다시 찾아가는 여정이라고도 볼 수 있습니다.

 ## 약자를 배려하는
디자인 사례들

　다행히 약자를 위한 디자인이 일상에서 점점 늘고 있습니다. 대표적인 예로 기다란 문고리가 있습니다. 동그란 문고리는 손이 불편한 장애인들이 사용하기 쉽지 않습니다. 동그란 것을 꽉 쥐고 돌릴 만큼 악력이 있어야 하며 손목의 회전에도 문제가 없어야 합니다. 장애가 없는 사람이더라도 양손에 무거운 물건을 들고 있거나 손바닥이 미끄러우면 사용하기가 쉽지 않습니다. 반면 기다란 문고리는 동그란 문고리에 비해 힘이 덜 들어가고 몸으로도 열 수 있어 더 많은 사람을 배려한 디자인입니다.

　계단이나 횡단보도의 턱은 사회적 약자를 은근히 배제하는 디자인입니다. 반면 휠체어가 다닐 수 있는 낮은 경사로나 단이 없는 횡단보도, 계단이 없고 지상으로 경사판이 이어지는 저상버스 등은 모두 포용적인 디자인입니다. 이러한 인클루시브 디자인은 장애인뿐 아니라 나이가 지긋한 노인이나 어린이, 부상을 입은 사람, 많은 물건을 옮겨야 하는 사람까지 고려한 고민의 흔적입니다.

장애란 단순히 건강상의 문제가 아니라 그 사람의 신체적 특징을 매개로 세상과 관계 맺는 복잡한 상호작용이라는 사실을 이해해야 합니다. 기술이나 디자인은 그 과정에서 장애가 있는 사람의 사회적 박탈감을 낮추는 데 집중해야 합니다. 사회로부터 소외되지 않는다는 느낌을 받으면 한 명의 사회 구성원으로서 당당히 살아갈 힘을 얻을 수 있기 때문입니다.

어린이 역시 보호해야 하는 존재입니다. 특히 학교 근처에서 많이 보이는 '고원식 횡단보도'는 어린이를 향한 배려가 돋보이는 구조입니다. 고원식 횡단보도는 기존 도로보다 약간 높게 설치해 일종의 과속방지턱 역할로 차량이 속도를 줄이도록 디자인되었습니다. 덕분에 어린이들은 비교적 안전하게 길을 건널 수 있습니다.

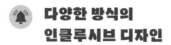

다양한 방식의
인클루시브 디자인

앞서 인클루시브 디자인은 보이지 않는 가치까지 포함하는 개념이라고 이야기했습니다. 즉, 고정관념이나 상식을 뛰어넘는 시도가 인클루시브 디자인에 포함됩니다.

최근에는 다양한 브랜드에서 '인클루시브 뷰티'라는 개념을 만들어 가고 있습니다. 이들은 모델도 다양한 특징을 가진 사람들로 선발하고 있습니다. 미국의 스포츠웨어 브랜드 '크로맷Chro-mat'의 웹사이트에 들어가 보면 우리가 일반적으로 생각하는 이미지와는 무척 다른 모델들이 등장합니다. 몸집이 큰 여성, 성 소수자, 트렌스젠더 등이 당당하고 멋지게 모델로 서 있습니다. 크로맷은 이처럼 특별한 모델들을 보여 주며 고정된 아름다움이란 사회적 편견에 불과하다는 메시지를 던지고 있습니다. 여러분은 크로맷 사이트에 있는 모델들이 어떻게 보이나요? 제 눈에는 무척 근사하고 멋지게 보입니다.

패션 분야에서도 인클루시브 디자인은 활발히 적용되는 개념입니다. 휠체어를 이용하는 장애인에게 패션은 멋을 부리는 도구만은 아닙니다. 하반신이 마비된 장애인은 바지 하나를 입는

125

데도 10분이 넘게 걸립니다. 특히 바지에 큐빅 같은 장식이 너무 많이 달려 있다면 휠체어에 앉을 때 엉덩이가 배겨 입을 수조차 없겠죠. 이러한 어려움 때문에 장애인들은 어쩔 수 없이 일상복을 수선해서 입거나 아웃도어 같은 편한 옷을 선택합니다. 최근에는 이러한 어려움을 해결하기 위해 휠체어에 앉아서도 쉽게 바지를 벗고, 오래 앉아 있어도 불편하지 않도록 바지 허리춤의 앞면은 짧고 뒷면을 길게 해 말려 올라가지 않게 디자인된 의류가 출시되고 있습니다.

세계적인 스포츠 브랜드 '나이키' 역시 이러한 인클루시브 디자인에 적극적으로 참여하고 있습니다. 나이키의 디자이너 토비 햇필드는 미국 플로리다에 사는 뇌성마비 장애인 매슈에게 한 통의 편지를 받았습니다. 편지에서 매슈는 살면서 많은 것을 극복했지만 아직 극복하지 못한 것이 하나 있는데, 그것은 바로 신발 끈 묶기라고 말합니다. 햇필드는 매슈의 편지를 받고 혼자서 신발 끈을 묶기 어려운 사람들을 위한 '고 플라이어즈 Go Flyease'라는 제품을 출시했습니다. 이 신발은 매슈의 바람대로 신발 끈이 없으며, 손을 사용하지 않고도 신발을 쉽게 신고 벗을 수 있습니다. 벗어 놨을 때 'ㅅ' 자 형태로 꺾여 있어 앞발을 먼저 넣고 뒤꿈치를 밟으면 자연스럽게 수평이 만들어지는 디자인이기 때문입니다.

지금까지 사회적 약자를 배려하는 다양한 디자인에 관해 알아보았습니다. 글 서두에 등장한 무어는 한 인터뷰에서 노인 분장을 한 결정적 이유가 무엇이냐는 질문에 이렇게 답합니다.

"요리를 좋아하던 할머니가 냉장고 문을 여는 게 힘들어서 요리하는 행복을 잃는 게 싫었어요."

배려를 위한 디자인은 번뜩이는 아이디어보다 타인을 향한 깊은 공감에서 출발합니다. 오늘은 잠시 내 주위를 살피며 사회적 약자가 불편함을 느낄 수 있는 요소는 없는지 생각하는 여유를 가져 보면 어떨까요?

키오스크는 누구에게나 편리해야 한다: 정보 약자를 위한 디자인

앞에서 우리는 인클루시브 디자인의 개념과 함께 차별 없는 디자인에 관해 알아보았습니다. 이번에는 조금 더 시각을 좁혀 정보 약자를 위한 디자인을 살펴보겠습니다.

정보 약자란 누구일까요? 과거와 달리 최근의 정보들은 대부분 디지털로 편하게 볼 수 있습니다. 스마트폰, 노트북, 키오스크는 우리 삶을 편리하게 해 주었습니다. 그런데 이러한 디지털 정보들이 보이지 않는 장벽을 만들고 있습니다. 디지털에 익숙하지 않은 노인부터 시작해 장애인들에게 특히 그렇습니다.

이러한 디지털 장벽의 중심에는 '무인화'가 있습니다. 직원 대신 키오스크가 고객의 주문을 받는 것입니다. 한국소비자원은 비대면 거래 경험이 있는 65세 이상의 소비자 300명을 대상으로 조사한 결과 키오스크를 가장 어려워한다는 사실을 알아냈습니다. 키오스크를 어려워하는 가장 큰 이유는 '단계의 복잡함'이었고, 그다음으로는 '바로 뒤에서 기다리는 사람의 눈치'와 '글자와 그림이 작아서 잘 안 보이는 것'이 꼽혔습니다. 키오스크 사용 경험이 없는 70대 노인 10명이 키오스크를 사용해 주문하는 장면을 관찰해 보니 절반인 다섯 명이 주문에 실패하기도 했습니다. 최근 저희 동네에 있는 다이소에 가 보니 100% 무인화가 되어 있었습니다. 몇 명의 점원이 돌아다니며 비대면으로 계산하는 과정에 어려움을 겪는 사람들을 응대하는 것이 전부였습니다. 이처럼 점포들의 비대면화는 점점 더 빨라질 예정입니다.

대형 체인점뿐만이 아닙니다. 최근 아파트 근처 상가들도 대부분 비대면으로 바뀌고 있습니다. 웬만한 서비스는 앱으로 해결하는 세상이 되면서 세탁소, 아이스크림 가게와 같은 오프라인 매장도 무인화 시스템이 도입되고 있습니다. 이처럼 상인들은 인건비를 줄이며 수익을 내는 구조를 계속해서 고민할 것입니다. 이렇게 시장의 흐름이 변하면서 정보 약자들은 앞으로 더 힘들어질 수밖에 없게 되었습니다. 이는 단순히 정보 약자가 디지털 기능을 사용하지 못하는 것에서 끝나지 않고 자존감, 더 나아가 상실감의 문제로 이어지기도 합니다. 이를 해결할 방법은 없는 걸까요? 다행히 정보 약자들을 위한 사회적 배려가 조금씩 확산되고 있습니다. 지금부터는 이런 정보 격차를 줄이기 위해 일어나고 있는 다양한 노력을 살펴보도록 하겠습니다.

배리어프리 키오스크

앞서 살펴본 것처럼 키오스크는 정보 약자들이 가장 어려워하는 디지털 기술입니다. 그런데 접근성이 높아진 배리어프리_{Barrier Free} 키오스크가 나왔습니다. 정부와 키오스크 전문 기업인 '엘토브'라는 곳의 합작품입니다. 키오스크는 보통 화면 전체에 터치식 디스플레이가 장착돼 있는데 배리어프리 키오스크에는 손이 쉽게 닿는 아래쪽에 버튼을 설치해 휠체어에 앉은 장애인도 사용할 수 있게 만들었습니다.

배리어프리 키오스크는 시작 단계에서 장애 모드를 선택할 수 있습니다. 휠체어, 시각, 청각 등 자신에게 불편한 부분에 특화된 서비스를 받을 수 있는 것입니다. 사용자가 시각장애인이라면 그때부터는 음성 안내가 나옵니다. 음성 인식 서비스를 대체

할 수 있는 점자 디스플레이, 이어폰을 꽂을 수 있는 단자 등이 있으며 화상 상담 기능도 갖췄습니다. 현재 배리어프리 키오스크 는 국립중앙박물관, 천안 독립기념관, 전남대학교 병원 등에 설 치되어 있습니다. 다양한 기능이 제공되다 보니 아직은 기존 키 오스크에 비해 가격이 비싸지만, 점차 공공에서 민간 부문으로 확산될 예정이므로 여러분도 일상에서 배리어프리 키오스크를 만날 날이 머지않았습니다.

시니어를 위한 ATM?

신한은행은 금융권 최초로 시니어 전용 ATM 서비스를 출 시했습니다. ATM은 정보 약자가 사용하기 어려운 대표적인 기 술입니다. 복잡한 단계와 작은 글씨 등이 큰 장벽이죠. 그런데 신 한은행이 도입한 시니어를 위한 ATM은 정보 약자를 위해 다음 과 같은 화면을 만들었습니다.

- 기존 ATM 대비 0.7배속으로 초당 4음절가량의 느린 안내 기능

- 큰 글씨와 쉬운 금융 용어 사용

- 명확한 색상 대비로 가독성 강화

시니어 ATM은 첫 화면부터 다릅니다. 간단하게 네 개로 나 눈 화면에는 기존의 입금, 출금, 송금 같은 한자어 대신 돈 찾기, 돈 넣기, 돈 보내기, 통장 정리처럼 쉬운 단어를 사용했습니다. 그리고 기존 ATM에서 큰 글씨 보기(화면 확대)를 한 것보다 더 크고 단순한 화면에서 금융 업무를 시작할 수 있는 것도 특징입

니다.

　이처럼 장애인이나 고령층 같은 정보 약자들을 고려해 어떤 상황에서도 디지털 서비스를 사용할 수 있도록 배려하는 것을 '정보 접근성Accessibility'이라고 합니다. 미국과 캐나다, 유럽연합 등은 정보 약자들이 디지털에서 소외되지 않도록 새롭게 법을 제정했고, 한국도 정보 약자를 배려해야 한다는 인식이 점점 높아지고 있습니다. 하지만 2010년 '장애인을 위한 ATM/CD의 표준(글자 확대 기능이 포함되어야 한다 등)'이 마련된 뒤 시니어 ATM의 첫 화면이 만들어지기까지 꽤 오랜 시간이 걸렸습니다. 앞으로 이러한 시도가 많아져 편리한 디지털 기술이 정보 약자를 고립시키는 울타리가 아닌 사회 구성원을 품을 수 있는 따스한 역할을 했으면 좋겠습니다.

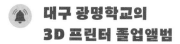

대구 광명학교의
3D 프린터 졸업앨범

　시각장애인 교육기관인 대구 광명학교의 2021년 졸업식에서 졸업생들은 친구와 선생님의 얼굴이 3D로 조각된 특별한 졸업앨범을 선물 받았습니다. 경북대학교 크리에이티브 팩토리의 도움으로 제작된 특별한 졸업앨범 덕분에 시각장애인 학생들이 손의 감각으로 친구의 얼굴을 느낄 수 있었습니다. 버튼을 누르면 친구들의 목소리도 들을 수 있었습니다. 졸업앨범은 학창 시절을 떠올리게 해 주는 소중한 물건입니다. 이러한 인생의 커다란 이벤트에서 장애가 있는 친구들이 배제되지 않는 세상이 점점 다가오고 있다는 생각이 듭니다.

음식을 산 걸까, 쓰레기를 산 걸까: 제로 플라스틱을 꿈꾸며

여러분은 인도네시아에서 발견된 향유고래 사체의 배 속에서 6kg에 가까운 플라스틱이 나왔다는 기사를 본 적이 있나요? 우리가 쓰는 일회용 플라스틱 컵도 115개나 나왔다고 합니다. 정말 끔찍하지 않나요? 전 세계가 이 사건으로 충격에 빠졌습니다. 그런데 코로나19 이후 플라스틱 사용량은 빠르게 늘어나고 있습니다. 바로 배달 음식 시장의 성장 때문입니다.

집에서 요리하기 귀찮을 때 배달 앱은 간단한 해결책이 됩니다. 저도 종종 배달 앱으로 음식을 주문합니다. 그런데 식사를 마치고 산더미처럼 쌓인 플라스틱 용기들을 볼 때마다 한숨이 절로 나옵니다. 여러분도 자주 느끼는 감정이지 않나요? 한국의 배달 음식 시장은 2021년과 2022년 사이 두 배로 커졌습니다. 통계

청에 따르면(2022년 2월 기준) 한국의 하루 평균 배달 음식 주문액은 801억 5000만 원으로 조사를 시작한 이후 최대치에 달했습니다. 이런 변화 때문인지 동네를 걸어 다니다 보면 전에는 보이지 않던 플라스틱 용기들이 집 앞 곳곳에 쌓여 있습니다. 가까이서 보면 분리수거가 제대로 되어 있지 않거나 플라스틱이 잘 세척되지 않은 경우가 많습니다. 코로나19 이후 플라스틱 사용률은 전 세계적으로 급증하고 있습니다. 지금부터는 플라스틱 문제를 해결하기 위한 국내외의 다양한 움직임을 살펴보도록 하겠습니다.

분리수거는 무척 귀찮은 일입니다. 쓰레기를 종류에 맞게 분류하고 세척도 잘해야 하기 때문입니다. 국내 스타트업 '리클'은 분리수거 문제를 해결하기 위해 탄생한 기업입니다. 고객은 일반·음식물·재활용 구분 없이 쓰레기를 봉투에 담아 문 앞에 내놓은 다음 앱으로 수거를 신청합니다. 사용자는 기본요금에 쓰레기 배출량을 더한 이용 요금만 결제하면 됩니다. 재활용 업체는 전달된 쓰레기들의 이물질을 제거하고 재활용 가능한 것들을 선별합니다.

축제에서는 짧은 시간에 많은 소비가 일어납니다. 그만큼 일회용품도 엄청나게 사용되죠. '트래쉬버스터즈'라는 기업은 축제에서 나오는 일회용품 쓰레기를 줄일 목적으로 탄생한 스타트업입니다. 트래쉬버스터즈는 '다회 용기 대여 시스템'을 개발해 축제에 참가한 업체들에게 용기를 빌려줍니다. 이 회사는 크고 작은 행사를 여덟 번 치르며 1만 9860개의 일회용품 쓰레기를 줄일 수 있었다고 합니다.

이러한 흐름을 타 최근에는 빈 용기만 가지고 가서 샴푸, 로션, 주방 세제 등을 필요한 만큼만 무게를 담아 구입할 수 있는 '리필 스테이션Refill Station'도 큰 인기를 끌고 있습니다. 국내에는 서울 망원동에 있는 '알맹상점'이라는 곳에서 리필 스테이션을 경험해 볼 수 있습니다. 알맹상점을 방문해 보니 평범한 가게라기보다 우리나라에서 아직 생소한 리필 문화, 제로-웨이스트 문화를 전파하는 문화 기지에 가깝다는 생각이 들었습니다. 상점에는 리필 제품 외에도 대나무 칫솔, 친환경 수세미, 종이 테이프 같은 생활용품도 판매 중이며, 그중에서도 코코넛으로 만든 화분 용기는 가장 인기가 높다고 하네요.

알맹상점을 구경하다 보면 문득 우리가 평소에 소비하는 제품의 외형에 대해서도 다시 생각하게 됩니다. 여러분은 '패키지' 하면 어떤 이미지가 떠오르나요? 저는 알록달록한 색상과 귀여운 캐릭터가 떠오릅니다. 그런데 알맹상점의 제품들에는 패키지가 없고 투명한 리필 용기에 담긴 내용물이 그대로 보입니다. 흔히 좋은 디자인은 상품의 가치나 본질을 잘 드러내는 것이라고 합니다. 그래서 디자이너들이 상품의 정체성이나 목표를 표현하기 위해 패키지를 적극적으로 이용하는 것이죠. 그런데 알맹상점 제품들에는 아이러니하게도 패키지 디자인이 빠져 있습니다. 불필요한 포장재가 없으니 내용물은 더 잘 보이고, 디자인 또한 무척 단순했습니다. '이 제품은 이런 거야!'라고 외치는 주장이 빠지니, 소비자가 제품에 대해 상상할 수 있는 여지가 더 높아졌습니다. 이러한 단순함이 저에게는 오히려 디자인의 본질에 더 가깝게 느껴지기도 했습니다.

지금부터는 제로-웨이스트를 실천하는 다른 나라의 사례들을 살펴보도록 하겠습니다.

예술의 나라로 유명한 프랑스는 과일과 채소 포장 시 플라스틱을 사용하는 것을 법으로 금지했습니다. 일정량을 플라스틱 용기에 미리 담아 두지 않고 높게 쌓인 상품을 소비자가 필요한 만큼만 담게 합니다. 이러한 조치로 프랑스는 연간 10억 개 이상의 일회용 플라스틱을 줄일 수 있을 것으로 예상합니다. 플라스틱 하면 맥도널드 같은 패스트푸드 체인점도 빠질 수 없겠죠. 영국과 아일랜드에 있는 맥도널드는 재활용이 안 되는 플라스틱 빨대 대신 종이 빨대를 사용하기도 했습니다. 우리나라의 패스트푸드 체인점들도 빨대를 사용하지 않고 직접 음료를 마실 수 있는 형태로 컵을 디자인하는 추세입니다.

　여러분이 속한 GEN Z세대는 아마도 환경에 대한 관심이 유례없이 강한 세대로 기억될 것입니다. 소유보다는 재사용, 대여 같은 가치를 추구하는 특성도 예전 세대에 비해 무척 두드러집니다. 디지털 기술로 세상이 급변하자 GEN Z의 목소리가 전 세계 곳곳으로 울려 퍼지고 있습니다. 그중 발리에 사는 10대 자매 멜라티 위센과 이사벨 위센이라는 세계적인 인플루언서를 소개할게요. 자매는 플라스틱으로 오염되고 있는 발리 해변을 위해 소셜 미디어에서 '안녕 안녕 비닐봉지Bye Bye Plastic Bag' 캠페인을 벌였습니다. 발리 해변을 청소하자는 소녀들의 목소리는 해시태그를 타고 전 세계로 울려 퍼졌고 이후 발리에서 일회용 플라스틱 사용을 금지하는 법을 통과시키는 데 결정적인 역할을 했습니다.

　이러한 목소리는 특정한 앱을 통해 트렌드가 되기도 합니다. 바로 '비스코걸VSCO girl 문화'에 관한 이야기입니다. 비스코걸은 요즘 10대를 일컫는 키워드이며 스냅챗과 인스타그램, 틱톡을 많이 사용한다는 특징이 있습니다. '비스코'라는 이름은 같은 이름의 사진 편집 앱 'VSCO'에서 따왔습니다. 이들이 소셜 미디어에 올리는 사진들에 '#VSCO'라는 해시태그를 달고 있었기 때문입니다. VSCO 앱은 사진을 과하지 않게 사실적으로 보정해 준다는 특징이 있습니다.

소셜 미디어는 업로드하는 사람의 취향을 보여 줍니다. 비스코걸들의 피드에는 일회용 플라스틱에 반대하는 텀블러 브랜드인 '하이드로 플라스크' 물병과 스웨덴 아웃도어 브랜드 '피엘라벤'의 학생용 가방 '칸켄'이 자주 등장합니다. 칸켄은 튼튼해서 오래 쓸 수 있으며 색상이 다양하다는 장점이 있죠. 또한 비스코걸들은 딱딱한 구두 대신 크록스나 버켄스탁을 신고, 진한 화장을 하는 대신 버츠비 같은 브랜드의 립밤을 주로 바릅니다. 여러분은 혹시 이들의 취향에서 공통점을 발견했나요? 바로 자연스러운 아름다움을 추구하며 환경을 보호해야 한다는 생각이 일상의 중심에 있다는 것입니다.

비스코걸들은 "거북이가 불쌍하잖아."라는 문장을 SNS에서 자주 사용합니다. 그녀들의 유년 시절에 미디어에서 플라스틱을 먹거나 콧구멍에 빨대가 꼽혀 죽어가는 거북이를 접한 충격이 생각보다 컸던 것 같습니다. 플라스틱 컵 대신 텀블러에 음료를 담는 비스코걸들이 꿈꾸는 미래가 어쩐지 저는 기대가 되는군요. 지금까지 플라스틱을 둘러싼 다양한 이야기를 살펴보았습니다.

가짜 달걀로 지구 구하기:
비건 푸드와 대체 식량

달걀은 우리 식탁에 빠질 수 없는 중요한 단백질 공급원입니다. 하지만 지금껏 우리가 의심 없이 먹어 온 달걀은 여러 가지 논란을 가진 재료이기도 합니다.

첫 번째로 콜레스테롤 문제입니다. 콜레스테롤은 인간의 몸을 구성하는 대표적인 영양소인 지방, 탄수화물, 단백질 가운데 지방의 일종입니다. 지방은 몸에 필요한 에너지를 공급하고 세포막을 만들어 생명을 유지하는 데 꼭 필요한 영양소입니다. 하지만 콜레스테롤이 몸에 필요 이상으로 쌓이면 비만이나 고혈압, 심혈관계 질환을 일으킬 수 있어 주의가 필요합니다. 콜레스테롤은 달걀과 유제품, 육류, 해산물 등의 동물성 식품에서 섭취할 수 있는데 특히 달걀은 한 개에 콜레스테롤이 약 200mg 정도로 다른 식품에 비해 높습니다. 따라서 적당히 먹는 것은 괜찮지만, 지나치게 많이 먹는 것은 좋지 않습니다.

두 번째는 공장식 축산으로 생산되는 달걀입니다. 공장식 축산이란 우유, 고기, 달걀 등 축산물을 얻는 데 최소 비용을 들여 최대 생산량을 목표로 하는 축산 형태입니다. 높은 효율을 위해 매우 좁은 공간에서 동물이 사육되는 것이 특징이며, 대부분 자동화되어 있습니다. 여러분, 한국인이 1년에 소비하는 달걀이 몇 개나 될까요? 놀라지 마세요. 무려 135억 개입니다. 공장식 축산이 없었다면 한국인의 어마어마한 달걀 소비량을 맞추는 것은 불가능했겠죠.

공장식 축산에서는 닭들이 사는 케이지를 부르는 명칭이 하나 있습니다. 바로 '배터리 케이지'입니다. 바닥부터 쌓인 케이지들이 마치 배터리 모양 같다고 해서 붙여진 이름입니다. 배터리 케이지의 크기는 보통 A4 용지 한 장만 한데 이 공간에 닭 6~8마리가 들어갈 수 있습니다. 이 공간에서 닭들은 그저 달걀을 낳는 것밖에 할 수 없습니다. 죽을 때까지 마당 한 번을 밟아 보지 못하는 것이죠. 왜 닭을 자유롭게 풀어놓고 기르지 못 하는 걸까요? 닭을 풀어놓고 기르기 위해서는 넓은 공간이 필요하고 관리도 어렵습니다. 이는 비용 면에서 농가에 큰 부담이 되므로 선뜻

행하기가 어렵죠. 한국 농가의 95%가 배터리 케이지 시스템으로 닭을 기르는 이유이기도 합니다.

이처럼 사람들이 저렴하게 단백질을 공급받을 수 있는 달걀을 둘러싼 논쟁은 단순하지 않습니다. 지금부터는 달걀을 둘러싼 어려운 문제를 가짜 달걀로 풀어 보려고 하는 브랜드들을 소개하겠습니다.

저스트 에그와 대체 달걀의 가능성

미국 샌프란시스코에 본사를 둔 '잇 저스트Eat Just'라는 기업은 달걀과 관련된 문제를 적극적으로 해결하려는 기업 중 하나입니다. 이 회사의 대표 상품은 '저스트 에그Just Egg'입니다. 저스트 에그는 액체 형태로 만들어진 '식물성 대체 달걀'입니다. 단백질 함량은 동물성 달걀과 같은데, 콜레스테롤 수치는 0입니다. 주원료는 녹두이며 카레를 만들 때 쓰이는 강황을 더해 실제 달걀과 비슷한 식감과 색을 만들어 냈습니다. 저스트 에그 44ml를 만드는 데 드는 물은 2.2L 정도라고 합니다. 공장식 축산으로 달걀 하나를 생산할 때 드는 물 138L에 비해 매우 적은 수치입니다. 더불어 탄소 배출량은 93%, 토지 사용량은 86%까지 절약할 수 있다고 하네요.

저스트 에그를 구매해 직접 스크램블드에그를 만들어 봤습니다. 달걀 껍데기를 깨 터뜨리는 과정만 없을 뿐 일반적인 스크램블드에그를 만드는 과정과 거의 비슷합니다. 특히 완성된 모양은 실제 달걀로 만든 것과 거의 똑같았습니다. 다만 주원료인 녹두 때문인지 냄새는 달걀보다 두부구이 향에 더 가까웠습니다. 그렇다면 맛은 어떨까요? 스크램블드에그를 입에 집어넣고 한참을 음미해 보았습니다. 사람에 따라 다르게 느끼겠지만 저는 담백한 두부 맛에 더 가깝다는 생각이 들었습니다. 하지만 식탁 위의 지속 가능성을 고려하거나 공장식 축산에 반대하는 사람들에게는 나쁘지 않은 선택지라는 생각이 들었습니다.

주변을 보면 채식의 선호도가 예전보다 무척 높아졌습니다. 이들은 점심에 샐러드 가게에 가거나 식물성 대체 식품을 활용해 식단을 짭니다. 지금부터는 저스트 에그처럼 비건 푸드를 지향하는 브랜드 두 곳을 소개하겠습니다.

팔로우 유어 하트 Follow Your Heart

팔로우 유어 하트 역시 저스트 에그와 마찬가지로 대체 달걀을 주력으로 만드는 비건 식품 회사입니다. 1971년 캘리포니아 카노가 파크Canoga Park의 레스토랑에서 시작한 이 회사는 1977년에 처음으로 달걀이 없는 마요네즈 대체품인 '베지네이즈Vegenaise'를 판매했습니다. 현재 대표 상품으로는 파우더 형태의 달걀, 비건 치즈, 비건 피자 등이 있습니다. 이 브랜드는 자신들이 내리는 결정이 지역사회에 큰 영향을 미친다는 것을 브랜드 철학으로 내걸 만큼 지속 가능성에 진심인 회사입니다.

 ## 제로 에그 Zero Egg

제로 에그는 이스라엘 비건 기업입니다. 이 브랜드는 홈페이지에 '모두를 위한 달걀(The Egg For Everyone)'이라는 문구를 써 두었습니다. 저지방, 콜레스테롤 없음, 비건, 저칼로리, 글루텐 프리, 유제품 없음 등이 대체 달걀을 섭취함으로써 얻는 보답입니다. 제로 에그의 대표 상품은 파우더 형태의 달걀인데 주로 스크램블드에그 형태로 먹습니다. 제로 에그로 만든 햄버거용 패티 역시 인기 있는 상품 중 하나입니다. 식물성 단백질 혼합물로 만든 제로 에그의 패티는 고기 패티와 맛이 나름 비슷합니다.

지금까지 달걀을 둘러싼 다양한 입장과 비건 푸드를 지향하는 브랜드들을 살펴보았습니다. 비건 푸드 앞에는 아직 정확한 맛 표현이나 요리법의 한계처럼 극복해야 할 많은 문제가 쌓여 있습니다. 그럼에도 현재와 같은 공장식 축산이 불러일으키는 수많은 환경 문제를 해결하기 위해서는 산업 전반에서 이같은 고민이 계속되어야 합니다. 대체 식품과 비건 푸드는 지속 가능성을 찾기 위한 인류의 노력이기 때문입니다.

행동하는 브랜드가 좋아요: 브랜드 액티비즘

어글리어스 마켓, 신이어마켓, 프라이탁……. 이 브랜드들의 공통점이 뭘까요? MZ세대가 선호하는 브랜드인 동시에 기업의 이익만 추구하지 않고 환경, 정치, 경제 같은 사회적 이슈에서 올바름을 추구하는 브랜드라는 점입니다. 이를 '브랜드 액티비즘 Brand Activism'이라고 합니다. 환경을 위해 불필요한 포장을 없애거나 버려지는 제품을 리사이클링하거나 제품 하나를 사면 도움이 필요한 사람에게도 제품 하나가 가는 식입니다.

요즘에는 검색으로 여러 브랜드를 비교하는 일이 너무나 쉬워졌습니다. 즉, 가격이 비슷한 제품이 있다면 브랜드에서 내세우는 가치와 나의 가치관을 맞춰 보고 선택한다는 의미입니다. 더불어 내가 상품을 사기 위해 지불한 대가가 사회나 환경에 기여

하기를 바라기도 합니다. 과거에는 이러한 브랜드 액티비즘이 없었을까요? 그건 아닙니다. 예전에는 단발성 캠페인이나 프로모션 형태가 많았다면 현재는 브랜드 탄생에서부터 제품 하나하나까지 그들이 추구하는 사회적 가치를 반영한다는 점이 큰 차이입니다. 그리고 이러한 노력은 사회 전반에 선한 영향력을 끼치게 됩니다.

러쉬:
인스타그램 마케팅 중단

여러분은 지하철이나 상가에서 정신이 번쩍 들 만큼 강한 향기를 맡아 본 적이 있나요? '러쉬LUSH'라는 코스메틱 브랜드에서 주로 하는 후각 마케팅 이야기입니다. 러쉬의 직원들은 사람들이 많이 오가는 길목에서 러쉬의 입욕제나 비누를 풀어 고객의 관심을 끕니다. 이 마케팅 방식은 '러쉬 향'이라는 말이 생길 정도로 큰 성공을 거두었습니다.

러쉬는 이뿐 아니라 동물 실험을 하지 않는 브랜드로도 유명합니다. 아름다움만을 강조하는 다른 뷰티 브랜드와 달리 러쉬는 자연에서 얻은 깨끗한 재료를 사용하고 동물 실험을 하지 않는 방식으로 자신들의 브랜드 윤리를 드러내 왔습니다. 그런데 러쉬 코리아가 돌연 공식 인스타그램 계정 운영을 중단했습니다. 약 64만 명이 팔로우하고 있던 계정의 모든 피드는 삭제되었고 "다른 곳에서 만나요.(BE SOMEWHERE ELSE)"라고 쓰인 이미지만 덩그러니 남겨져 있습니다. 러쉬는 공식 홈페이지에서 인스타그램 마케팅 중단에 관해 다음과 같이 설명합니다.

"초기 소셜 미디어는 고객과 친밀하고 돈독한 관계를 구축하는 데 큰 도움이 되었습니다. 하지만 소셜 미디어의 진화로 사람들이 어떤 포스팅을 볼 수 있는지를 컨트롤할 수 있게 됐고, 알 수 없는 알고리즘으로 누가 무엇을 볼 수 있는지 결정하는 수준까지 되었습니다. 이에 따라 기업들은 그들의 포스팅을 더 많은 사람에게 도달시키고 검색 엔진 최상위를 선점하려고 돈을 지불하기 시작했습니다. 거대한 소셜 미디어 기업들은 정치, 종교, 캠페인, 프로모션 등 다양한 활동을 위해 의도적으로 개인 정보를 이용하기도 했습니다. 하지만, 그 어떤 충분한 조치를 취하지 않고 있습니다. 그뿐만 아니라, 소셜 미디어의 역기능인 디지털 폭력, 외모 지상주의, 불안과 우울 같은 정신 건강 문제 등이 심각해지고 있음에도 개선의 여지가 보이지 않습니다."

러쉬는 인스타그램 외에도 페이스북, 틱톡, 왓츠앱, 스냅챗 계정도 운영을 중단했습니다. 이로 인한 손해가 무척 클 것입니다. 그럼에도 러쉬의 이러한 선택은 자신들이 추구하는 가치를 행동으로 보여 주고자 하는 브랜드 액티비즘 사례로 많은 사람의 공감을 이끌어 냈습니다.

여러분은 러쉬의 이러한 선택을 어떻게 생각하나요? 지금부터는 각자 고유한 영역에서 브랜드 액티비즘을 실천하고 있는 브랜드들을 살펴보도록 하겠습니다.

신이어마켙: 노년층의 지혜를 힙하게 배우다

폐지를 줍는 노년층들이 그린 손 그림으로 달력을 만들어 파는 브랜드가 있습니다. 이 브랜드의 이름은 '신이어마켙'입니다. '신이어'는 '시니어senior'라는 외래어를 모르시는 어르신들의 발음에서 따온 것이고, '마켙'은 어르신들의 기억 속에 있는 만물상을 나타내는 '슈퍼마켙'에서 가져왔다고 합니다. 브랜드는 다양한 측면에서 새로운 세대와 가까워지고 싶은 시니어들의 마음을 담고 있습니다. 이러한 바람 때문일까요? 신이어마켙의 인스타그램에 의외로 Z세대가 열광하고 있습니다. 특히 인기가 높은 상품은 탁상 달력이나 편지지입니다. 여기에는 시니어의 인생 꿀팁을 담은 매운맛 조언이 귀엽고 어설픈 그림과 글씨로 담겨 있습니다.

신이어마켙의 시니어들은 대부분 폐지를 수거하며 생활하는 저소득층입니다. 이 브랜드는 시니어들에게 그림에 대한 저작권료를 지급하는 형태로 수익을 나눕니다. 현재는 노인 일자리 프로젝트지만 앞으로는 직접 고용까지 나아가는 것을 브랜드 목표로 삼고 있습니다. 신이어마켙이 추구하는 브랜드 액티비즘은 경직된 노인 고용 문화를 해소하기 위해서는 일자리의 다양화가 필요하다는 사회적인 인식을 심어 줍니다.

어글리어스 마켓: 못난이 채소 구출하기

혹시 여러분은 잘 자랐지만 못생겨서 버려지는 농산물이 전체 농산물의 3분의 1이나 된다는 사실을 알고 있나요? 못난이 채소들은 일반적인 방식으로 판매되기가 어렵기 때문이죠. 어글리어스 마켓은 이러한 문제를 파악해 상품 가치가 떨어진 못생긴 채소만 골라서 파는 브랜드입니다.

문제가 없는 멀쩡한 채소들은 지금까지 다양한 이유로 버려져 왔습니다. 크기가 너무 크거나 작아서, 살충제를 쓰지 않아 상처가 남아서, 코로나19로 인해 학교 급식 수요가 줄어서, 너무 개성 있게 생겨서 등이 문제가 되었죠. 어글리어스 마켓은 버려지는 채소들을 농부들에게 공급받아 중간 과정 없이 소비자에게 직접 판매합니다. 소비자는 사이트에서 자신의 라이프 스타일에 맞는 배송 주기만 선택하면 친환경 박스에 담긴 제철 유기농 채소들을 집 앞에서 받을 수 있습니다.

어글리어스 마켓의 홈페이지에 가 보면 고객들이 직접 못난이 채소들로 요리한 사진과 사연을 볼 수 있습니다. 배달 음식을 줄이고 브랜드 가치에 동참하고자 시작한 소비가 결국 라이프 스

152

타일로 자리 잡았고, 못생겼지만 영양가가 높은 채소를 아기 이유식으로 즐겨 사용한다는 내용들입니다. 어글리어스 마켓의 브랜드 액티비즘은 못난이 농산물을 구출해 지구를 위한 작지만 긍정적인 변화를 만들고 있습니다.

프라이탁 : 버려질 것들로 만드는 세상에 단 하나뿐인 가방

여러분은 'FREITAG'이라고 쓰인 메신저 백을 본 적이 있나요? 주변에 패션에 관심 있는 친구가 있다면 한 번쯤은 봤을 거예요. 이 브랜드는 마커스 프라이탁, 다니엘 프라이탁 형제가 1993년 스위스에서 설립한 가방 브랜드입니다. 그런데 프라이탁은 새것을 구매해도 헌것입니다. 무슨 말이냐고요? 가방의 소재로 오래된 트럭 방수천과 폐차 안전벨트, 바퀴 속 고무 등을 사용하기 때문입니다.

프라이탁은 업사이클링Upcycling의 대표주자이기도 합니다. 업사이클링은 재활용과 비슷하면서도 조금 다른데요. 재활용은 쓰던 물건을 다시 사용할 수 있는 수준으로 만들어 내는 것이라면 업사이클링은 이전과는 다른 디자인이나 가치를 부여해 완전히 새로운 상품으로 만들어 내는 것입니다. 이런 매력 때문인지 트렌드에 민감한 힙스터들은 프라이탁 마니아가 되어 스스로 상품을 주위에 홍보하기도 합니다. 프라이탁을 메는 것만으로도 '나는 환경을 생각하는 사람'이라는 이미지가 만들어지기 때문입니다.

하지만 이러한 이미지를 메기 위해서는 꽤 비싼 가격을 감수해야 합니다. 오래된 안전벨트, 방수천 등을 사람이 일일이 손질해야 해서 손이 많이 가는 데다 스위스의 높은 인건비도 한몫하기 때문이죠. 그런데 막상 프라이탁 가방을 주문해서 받아 보면 원단에 흠집이 많고 냄새도 좀 나는 것 같아요. 일반 가방이었다면 아마 단번에 반품할 만한 상태일 거예요. 그런데 프라이탁을 추종하는 사람들에게는 업사이클링 과정에서 나온 이러한 흠이 오히려 높은 가치로 받아들여집니다. 소비자들은 프라이탁의 브랜드 액티비즘을 사는 것이기 때문이죠.

지금까지 다양한 가치를 실천하는 브랜드들을 살펴보았습니다. 여러분도 내가 추구하고 싶은 가치와 유사한 철학을 가진 최애 브랜드를 찾아보는 건 어떨까요? 그 브랜드를 소비하는 것만으로도 작지만 의미 있는 실천을 하는 것이랍니다.

알고리즘을 거부한다:
'에코챔버'에 빠지지 않으려면?

—

　알고리즘이란 말은 이제 꼭 개발자가 아니더라도 일상에서 많이 사용하는 용어가 됐습니다. '유튜브 알고리즘에게 간택받았다' 같은 말이 유행처럼 번지기도 했죠. 우리가 일상에서 자주 접하는 알고리즘에는 '추천 시스템'이 있습니다. 내 취향에 맞는 맞춤 상품 같은 개념이죠. 넷플릭스가 내 관심 콘텐츠를 계속해서 추천해 주거나 쇼핑몰에서 나에게 잘 어울리는 옷을 추천해 주는 것이 모두 여기에 포함됩니다.

　그런데 이런 추천 알고리즘은 내 생각을 좁히는 부작용이 있습니다. 여러분과 생각이나 취향이 비슷한 사람들이 업데이트한 콘텐츠가 주로 추천되기 때문이죠. 바꿔 말하면 생각의 다양성이 줄어든다는 의미입니다. 소유의 개념이 옅어지고 '공유'의 가치가 부각되고 있는 요즘, 나와 생각이 다른 타인과 어떻게 잘 어울려 살아갈지 고민해야 합니다. 다양성에 대한 고민은 이를 위한 중요한 첫걸음입니다.

다양성의 축소는 내가 믿고 따르는 생각에만 갇히게 합니다. 이것은 마치 큰 비눗방울 안에 자기 자신을 가두는 것과 같습니다. 생각의 비눗방울에 갇힌 여러분은 나와 다른 생각이 더 이상 들리지 않게 됩니다. 그리고 내가 추구하는 생각은 비눗방울을 뚫지 못하고 부딪혀 메아리처럼 나에게 다시 돌아오게 됩니다.

이처럼 나와 비슷한 사람들의 견해만 부풀려져 마치 진실인 것처럼 되돌아오는 것을 '에코챔버Echo-chamber'라고 부릅니다. 사람들은 내 의견을 말할 때 큰 광장에서 이야기한다고 생각하기 쉽습니다. 하지만 그곳에 내 의견과 비슷한 사람들만 가득 모여 있다면 커다란 에코챔버와 다르지 않겠죠. 에코챔버는 내가 가지고 있는 생각과 신념을 확인하고 크게 키우는 '확증 편향'을 강화합니다.

에코챔버라는 비눗방울에서 벗어나려면?

소셜 미디어와 인터넷으로 대부분의 정보를 접하는 현재는 누구도 에코챔버에서 자유로울 수 없습니다. 자신의 신념을 무조건 따르는 것은 사회를 양극단으로 만듭니다. 이처럼 무서운 에코챔버와 알고리즘의 편향성에서 벗어날 수 있는 네 가지 방법을 알아보겠습니다.

① 나와 생각이 다른 채널 팔로우하기

여러분이 온라인에서 만나는 다양한 미디어 채널은 깊게 파고 들어가 보면 저마다의 정치·문화적 지향성을 가지고 있습니다. 여러분과 생각이 비슷한 채널과 반대되는 성향의 채널을 팔로우하면 알고리즘의 편향에서 벗어나 한 가지 상황을 여러 각도에서 보는 시각을 얻을 수 있습니다.

② 내 견해와 딱 맞지 않는 콘텐츠에 일부러 '좋아요' 누르기

소셜 미디어에는 나의 의견과 맞지 않는 사람들이 모인 커뮤니티가 무척 많습니다. 이때 나와 의견이 다른 콘텐츠에 일부러 '좋아요'를 누르면 알고리즘의 편향성을 어느 정도 피할 수 있습니다. 이러한 노력으로 여러분의 소셜 미디어 피드는 다양한 견해를 가진 사람들의 콘텐츠로 한층 더 풍성해질 것입니다.

③ 피드 노출 순서를 최신순으로 변경하기

여러분의 소셜 미디어 피드의 콘텐츠 노출 순서는 대부분 추천순으로 설정되어 있습니다. 이 상태에서는 친구가 콘텐츠를 방금 올렸더라도 알고리즘이 선택하지 않는다면 여러분에게 곧바로 보이지 않습니다. 그런데 이를 최신순으로 변경하면 그 순간 더 이상 추천 알고리즘이 작동하지 않게 됩니다. 소셜 미디어가 투표 시스템으로 작동한다는 걸 알 수 있는 순간이기도 합니다. 평소에 보지 못한 온라인상의 친구들이 올린 게시물이 한꺼번에 떠서 잠시 놀랄 수도 있겠네요.

④ 팩트 체크 및 비판적 사고 하기

소셜 미디어에서 접하는 정보를 바로 수용하거나 믿지 말고 의식적으로 비판적 사고를 하며 팩트 체크를 해야 합니다. 수많은 정보가 소셜 미디어로부터 쏟아져 나오기 때문에 어려울 수 있지만, 편향된 정보나 가짜 뉴스를 걸러내기 위한 노력이 반드시 필요합니다. 피드에 나온 뉴스의 출처와 그 출처의 건정성을 체크하고, 관심 있는 주제는 두 개 이상의 채널에서 교차 검증해 보는 것이 좋습니다.

추천 알고리즘은 잘 활용하면 무척 편리한 기술입니다. 하지만 편리함에 의존하는 순간 우리 스스로 생각하고 결정하는 힘은 약해집니다. 알고리즘의 특성을 파악해 소셜 미디어에서 에코 챔버에 빠지지 않도록 주의합시다.

Chapter 6

완벽한 세상에서
우리가 할 수 있는 것들

LOADING···

디지털 공해로부터
나를 지킬 수 있을까?

쉴 새 없이 울리는 알림, 친구들과의 채팅, SNS의 무한 스크롤, 스마트폰에 빽빽이 깔린 앱들. 이걸로 끝이 아닙니다. 집에 돌아와서도 좋아하는 TV 프로그램을 보며 한 손으로 스마트폰을 들고 무언가를 끊임없이 스크롤합니다. 이 말은 우리가 늘 어딘가에 접속해 있다는 뜻입니다. 최근에는 걸을 때도 좀비처럼 스마트폰을 본다는 뜻의 '스몸비족smombie(smartphone + zombie의 합성어)'이라는 말까지 등장했습니다. 우리는 스마트폰을 마치 신체의 일부처럼 여기고, 스마트폰과 떨어지면 불안해하기도 합니다.

코로나19의 확산으로 타인과의 교류가 적어지면서 더 스마트폰에 빠지게 된 것도 사실입니다. 미국의 데이터 분석 업체

162

'data.ai'의 통계에 따르면 전 세계 스마트폰 사용률은 코로나19 전인 2019년보다 평균 30% 높아졌으며 하루 평균 사용 시간은 4시간 48분인 것으로 나타났습니다. 특히 한국의 하루 평균 스마트폰 사용 시간은 5시간으로 브라질(1위)과 인도네시아(2위) 다음으로 많은 시간을 기록했습니다. 주로 사용하는 앱은 인스타그램과 유튜브, 넷플릭스 등으로 나타났습니다.

여러분은 어떤가요? 혹시 온라인과 연결이 끊겼을 때 불안한 감정을 느낀 적은 없나요? 친구들과의 채팅에서 멀어져 중요한 정보를 놓칠 것 같고, 내가 팔로우하는 브랜드의 이벤트를 못 볼 것 같은 느낌 말이죠. 디지털은 우리에게 연결의 풍요를 선물했지만, 아무것도 생각하지 않아도 되는 지루함을 앗아갔습니다. '멍때리기'는 우리에게 꽤 도움이 되는 시간입니다. 멍때릴 때 뇌에서는 'DMN Default Mode Network'이라는 부위가 활성화됩니다. 이 부위는 여러분의 복잡한 생각을 리셋하고 기억이나 창의력에 도움을 주기 때문에 공부나 업무에서 생산성을 높일 수 있습니다. 따라서 우리에게는 디지털 과잉의 시대에서 주의력을 지키는 저마다의 해법이 필요합니다.

'디톡스 Ditox'라는 말을 들어 봤나요? 이 말은 다이어트에서 몸에 쌓인 독소를 빼낸다는 의미로 쓰이는데, 이를 디지털과 합처 '디지털 디톡스Digital detox'라는 말로도 사용합니다. 디지털 디톡스란 스마트폰 사용을 되도록 멀리하고 정신의 휴식과 안정을 추구하는 방법입니다. 여러분이 사용하는 소셜 미디어를 만든 실리콘밸리의 CEO들은 매일같이 온라인에 갇혀 살 것 같지만 사실은 그렇지 않습니다. 그들은 이 책의 맨 처음에 살펴본 것처럼 자녀들에게 스마트폰을 제한적으로 사용하게 하고 그들 역시 항상 명상과 사색을 즐기곤 합니다. 디지털 기술이 가져오는 파괴적인 중독성을 가장 잘 아는 이들의 모습에서 우리는 깨닫는 것이 있어야 합니다. 지금부터는 다양한 디지털 공해로부터 나를 지킬 수 있는 몇 가지 방법을 알아보도록 하겠습니다.

■ 모든 알림 꺼 보기

알림을 끄는 것은 가장 간단하면서 중요한 실천입니다. 우리의 스마트폰은 항상 수많은 알림 때문에 분주합니다. 알림은 끝없이 보상을 원하는 뇌의 특성을 자극합니다. 알림이 울리면 우리는 생각합니다. '내가 친구에게 보낸 문자의 답장일까?', '이번에 치른 시험의 결과일까?', 'SNS에 올린 피드에 누가 좋아요를 눌렀을까?' 하지만 막상 스마트폰을 켜 보면 '새로운 아이템이 공짜!', '지금이 가장 싼 시간! 장바구니에 담아 났던 옷을 쇼핑해 보세요!'처럼 쓸모없는 내용일 때가 허다합니다. 이러한 알림이 반복되면 스마트폰에 의존하기 쉽습니다. 지금 당장 여러분의 스마트폰 환경설정에 들어가 앱 알림을 해제하고 '알림으로부터의 자유'를 누려 보기 바랍니다.

■ 포모 심리에서 탈출하기

알림을 끄는 데 성공해도 우리는 얼마 못 가 스마트폰을 다시 켜고 싶은 유혹에 빠집니다. 혹시나 중요한 정보를 놓칠까 걱정되기 때문입니다. 이런 심리를 일컫는 말이 1장에서 설명한 '포모'라는 심리학 용어입니다. 포모는 내가 어떤 중요한 정보에서 제외되거나 그것을 놓치는 것에 대한 두려움을 나타냅니다. 특히 친구들이 하는 것은 나도 무조건 해야 할 것 같은 감정이 든다면 포모 심리를 의심해 볼 필요가 있습니다. 이러한 포모 심리는 심해지면 우울증, 무기력증을 유발할 수 있으니 주의해야 합니다. 여러분이 무조건 따라 해야 할 타인의 행동은 단언컨대 없습니다.

■ 주변에 알리기

다이어트를 할 때 주변에 알리는 것이 도움이 된다고 합니다. 쓸데없는 참견이나 유혹이 적어지기 때문이죠. 디지털 디톡스에도 이러한 방법을 활용해 보면 어떨까요? 보통 우리가 습관을 형성하는 데 최소 2주가 걸린다고 합니다. 가족이나 친구들에게 내가 디지털 디톡스를 하고 있다는 것을 알리는 것만으로도 쓸데없는 연락을 피할 수 있어 도움이 될 것입니다.

■ 진짜 대화에 집중하기

스마트폰은 SNS, 카카오톡, 메일, 메타버스 등 의사소통 방식을 다양하게 넓혀 왔습니다. 그런데 이러한 온라인 커뮤니케이션이 활발해지면서 타인과 눈을 맞추며 대화를 나누는 시간은 터무니없이 적어졌습니다. 여러분은 어떤가요? 최근에 내가 정말 좋아하는 친구의 눈을 보며 15분 이상 감정에 귀를 기울이는 대화를 해 본 적이 있나요? 만약 없다면 내일 친구나 동료들과 이런 시간을 가져 보길 추천합니다. 물론 생각보다 쉽지는 않을 것입니다.

코로나 시대에 비대면이 일상화되면서 화상으로 진행하는 회의나 수업이 무척 많아졌습니다. 그런데 화상회의는 우리가 타인과 오프라인에서 만나 대화하는 것보다 심리적으로 더 피곤한 일일 수 있습니다. 오프라인 대화에서는 본론으로 들어가기 전

안부를 물으며 아이스 브레이킹을 하는데, 화상으로 대화하면 이러한 과정을 생략하고 본론부터 시작하는 경우가 많습니다. 저는 우리가 타인과 신뢰를 유지하며 피로와 걱정을 줄이는 가장 확실한 방법은 상대에 대한 관심과 격려에 있다고 믿습니다. 그런데 온라인에서 사람을 만나는 순간, 목적을 이루기 위한 일종의 강박으로 의미 있는 커뮤니케이션 과정들이 너무 쉽게 제거되는 것은 아닐까 걱정이 됩니다. 여러분도 화상으로 소통할 일이 있다면 바로 본론으로 들어가지 말고 안부를 먼저 전해 보면 어떨까요?

여러분은 혹시 온라인에서 누군가와 연결되는 것 자체에서 의미를 찾고 있지는 않나요? 인스타그램이나 페이스북, 유튜브에서 말이죠. 하지만 연결성 자체에는 아무 의미가 없습니다. 여러분은 용기를 내 연결을 끊고 지루함을 찾아 나서야 합니다. 그 지루함 속에서 틀림없이 여러분만이 할 수 있는 창의적이고 생산적인 생각들이 나올 테니까요. 아무것도 하지 않는 시간이 사실은 가장 생산적인 시간이 될 것입니다.

유튜브, 인스타그램이 일상인 나를 돌아볼 수 있는 앱

지금까지 기술의 다양한 측면을 살펴보았습니다. 주제에 따라 기술의 어두운 면을 들여다보고, 기술에 의존하지 않고 주체적으로 살아갈 수 있는 방향도 탐색해 보았습니다. 기술은 어떻게 사용하느냐에 따라 삶이 편리해지기도, 때로는 기술이 가진 커다란 유용성에 완전히 압도되어 삶의 균형이 무너지기도 합니다. 그런데 문제는 어떤 기술들은 일부러 그 의도를 숨긴다는 점입니다. 그리고 앞서 살펴본 것처럼 여러분의 심리적 사각지대를 악의적으로 이용하기도 합니다.

여러분은 앞으로 세상을 살아가며 디지털 기술을 접할 때 가짜 정보를 걸러내고, 기술을 객관적으로 평가하고, 또 조합해 내는 능력을 길러야 합니다. 이러한 능력을 '디지털 문해력digital literacy'이라고 합니다. 문해력은 글을 읽고 이해하는 능력을 말합니다. 그런데 앞으로 여러분이 살아갈 디지털 중심 사회에서는 단순히 글을 읽고 이해하는 능력만으로는 부족합니다. 눈을 뜨자마자 디지털과 연결된 세상은 해석해야 할 것투성이기 때문입니다. 자극적이고 중독적인 SNS나 스트리밍 서비스는 이미 우리 일상에 너무나 깊숙이 침투했습니다. 이번에는 단순한 기능과 뚜렷한 목적을 통해 우리 삶에 실질적인 도움을 주는 몇 가지 앱을 살펴보겠습니다.

① 북적북적: 책 읽는 습관 재미있게 만들기

디지털 기술이 발달하면서 점점 책을 읽는 사람이 줄어들고 있습니다. 2021년 문화체육관광부는 19세 이상 성인 6,000명과 초등학생, 중고등학생 3,320명을 대상으로 독서 실태를 조사했습니다. 그 결과 성인의 연간 종합 독서량은 4.5권으로 2019년(7.5권)에 비해 3권이나 줄어든 것으로 나타났습니다. 독서가 어려운 가장 큰 이유는 '스마트폰, 텔레비전, 인터넷 게임 등을 이용해서'(23.7%)였습니다. 지금보다 디지털 기술이 더 중심이 될 미래 세상에서는 어쩌면 지금보다 독서가 더 어려워질지 모릅니다. 그렇지만 독서는 틱톡이 주지 못하는 통합적 사고를 기르는 데 무척 도움이 됩니다.

책 읽는 습관을 만들어 주는 앱 '북적북적'에는 여러분이 독서를 놓지 않을 수 있는 게임 같은 요소들이 많이 녹아져 있습니다. 읽은 책을 앱에 기록하면 책이 점점 쌓이면서 그 높이에 맞는 새로운 캐릭터가 나타납니다. 앱을 사용하다 보면 자연스레 책을 더 높이 쌓아서 새로운 캐릭터를 얻고 싶은 욕심이 생깁니다.

북적북적의 앱 소개 페이지에서는 '책 100권 읽기' 같은 상투적인 표현 대신 '올해 책 읽기 목표는 100cm!'라는 흥미로운 슬로건을 볼 수 있습니다. 불필요한 커뮤니티 기능을 없애 나의 독서 기록에만 집중할 수 있는 것도 이 앱의 장점입니다.

② 무다: 내 감정을 기록하다

우리 감정은 무척 신비합니다. 매 순간 바뀌고 또 통제가 어렵다는 특징이 있죠. 하루의 마지막에 오늘 내가 느꼈던 감정들을 떠올려 봅시다. 친구가 내 마음을 몰라 줄 때의 서운함, 엄마의 따뜻한 말 한마디에 몽글해진 마음, 다가오는 시험에 대한 두려움. 이 감정을 글로 옮기는 것만으로도 어느 정도 감정을 통제할 수 있다는 사실을 알고 있나요? 추상적인 감정을 글로 구체화할 때 얻을 수 있는 효과입니다.

무다의 슬로건은 '내 안의 나와 마주하는 시간'입니다. 사용법도 무척 간단합니다. 하단에 있는 + 버튼을 누르면 나를 기쁘게/슬프게/평온하게/화나게/걱정하게 하는 감정 아이콘을 선택할 수 있습니다. 오늘 내 기분에 맞는 아이콘을 누른 뒤 일기를 씁니다. 글과 함께 사진을 올릴 수도 있고 스티커로 감정 일기장을 꾸밀 수도 있습니다. 무다를 쓰다 보면 매일매일 변화하는 월별 감정을 돌아볼 수 있습니다. 여러분의 감정은 한 달간 어땠을지 궁금하지 않나요?

③ 나의 물: 물 마시는 것도 능력

적당한 양의 물을 제때 마시는 것이 중요하다는 사실은 누구나 잘 알고 있습니다. 그런데 이 단순한 습관을 지키기가 참 힘듭니다. 나의 물 앱은 불필요한 기능 없이 내가 물을 제때 마실 수 있도록 돕는 데만 집중하는 고마운 도구입니다. 앱을 설치하면 나의 물이 권장하는 시간 간격으로 알림을 설정할 수 있습니다. 주로 두세 시간 간격으로 물을 마시는 것을 추천해 줍니다. 내가 마신 물의 양을 기록하면 화면에 물을 상징하는 파란색 면이 차오릅니다. 휴대폰 각도에 따라 물이 기울어지는 것 또한 앱의 소소한 재미 요소 중 하나입니다. 이 외에도 앱에는 다양한 음료의 수분 비율을 계산하는 기능도 있습니다. 나의 물로 작지만 내 몸에 도움이 되는 습관을 만들어 보세요.

④ 마보: 내 마음 챙기기

요즘은 누구나 마음챙김이 필요한 시대입니다. 특히 다른 사람에게 인정받고 싶어 하다가 마음의 균형이 무너지는 경우도 많죠. 저도 한때는 그런 적이 있었는데, 명상을 하면서 많이 극복하게 되었습니다. 눈을 감고 호흡에 집중하는 10분 동안은 온전히 나만을 위한 시간이죠. 꾸준히 명상을 하다 보면 스트레스와 우울감이 많이 줄어듭니다.

마보는 마음챙김 습관을 기르는 데 유용한 앱입니다. 명상 전문가들이 만든 다양한 콘텐츠를 기반으로 명상하는 법을 단계별로 알려 줍니다. 공부나 집중력에 도움이 되는 명상 코스도 있으니 마음이 엉킨 실타래 같다면 마보나 또 다른 명상 관련 앱을 살펴보는 것도 도움이 될 것입니다.

⑤ 슬립루틴: 내 수면을 안다는 것

수면은 우리가 태어나자마자 하는 생존을 위한 가장 중요한 활동입니다. 그래서인지 사람들은 자신의 수면 상태에 대해 잘 이해하고 있다고 착각하기 쉽습니다.

슬립루틴은 스마트폰의 마이크를 활용해 별도의 장치 없이 잘 때의 숨소리만으로 수면을 측정합니다. 일어난 후에는 인공지능이 분석한 수면 리포트를 앱에서 간편히 확인할 수 있습니다. 그런데 어젯밤 리포트를 받아 보면 결과가 내 생각과 무척 다르다는 것을 알 수 있습니다. 실제로 잠에 들기까지의 시간은 이렇게 길었고, 깊은 잠에 빠진 시간과 중간에 깬 시간의 비율은 이렇고, 수면 중 호흡은 이렇게 불안정하구나 같은 것들이죠.

수면은 인생의 3분의 1이나 차지할 만큼 비중이 큽니다. 수면 측정 앱을 통해 내가 몰랐던 3분의 1의 시간을 재발견하는 것은 곧 나 자신에 대한 이해를 높이는 것입니다. 오늘 밤 수면 측정을 통해 조금 더 나에게 맞는 삶의 리듬을 찾아보는 건 어떨까요?

지금까지 내 삶에 필요한 기술을 선별해 구체적으로 적용할 수 있는 앱을 살펴봤습니다. 소개한 앱들은 예시일 뿐이며, 여러분의 삶을 더 나은 방향으로 이끌 수 있는 반려 앱을 스스로 찾아보기를 권합니다. 그것이 디지털 세상을 슬기롭게 살아갈 수 있는 의미 있는 출발점이 될 것입니다.

인간을 위해 탄생한
AI 기술들

AI는 쉽게 말해 컴퓨터 기술을 활용해 인간의 사고방식 자체를 모방하는 개념입니다. 공상과학에만 나오던 AI는 어느새 우리의 일상으로 들어와 빠르게 환경을 바꾸고 있습니다. 가장 대표적으로 어떤 서비스에 접속했을 때 여러분의 취향에 맞게 추천되는 콘텐츠가 있습니다. AI는 수많은 사람의 데이터를 바탕으로 콘텐츠를 나누고 이를 나에게 맞춰 적절하게 추천해 줍니다. AI는 콘텐츠에 들어간 태그, 인구통계학적 데이터(나이, 성별, 직업 등), 시청 시간, 좋아요와 공유 수 등을 통해 콘텐츠 선호도를 비교하고 순위를 매깁니다. 그 외에도 쇼핑몰 같은 곳에서 소비자들의 질문에 인간 대신 답변하는 '챗봇'이나 음성 인식으로 정보를 더 편하게 얻는 것 역시 일상에서 자주 만날 수 있는 AI입니다. 하지만 기술의 빠른 발전으로 인해 AI에게 거는 기대는 계속해서 높아지고 있습니다. 이러한 의존성은 여태껏 인류가 겪어 보지 못한 다양한 문제들을 불러일으킵니다.

AI는 인간이 거부감을 가지는 일을 대신합니다. 대표적으로는 전쟁이 있습니다. 안보를 위해 AI가 사용된다면 분명 좋은 일이겠지만 강대국이 약소국을 침범할 때 이러한 기술을 활용하면 문제가 커집니다. 드론이 AI와 무기를 탑재하고 물체를 종류별로 감지해 민간인을 대량 학살할 가능성도 매우 높아집니다. 여러 강대국에서는 이러한 AI와 군사 시설의 융합에 속도를 내고 있습니다.

온라인 쇼핑몰인 아마존은 기술 직군의 직원을 채용할 때 AI를 활용했는데, 남성 중심의 편향된 추천을 하는 경향을 보였습니다. 여자 연예인들의 얼굴을 합성한 악의적인 딥 페이크 영상을 제작하거나, 미국의 유명 CEO 목소리를 활용한 범죄 집단의 등장 역시 AI 활용의 어두운 면을 보여 주고 있습니다. 하지만 이러한 이유로 AI 기술 자체의 발달을 막을 수는 없습니다. 따라서 앞으로는 AI를 인류의 공익을 위해 사용해야 한다는 논의가 활발해지고 있습니다.

이러한 흐름에 발맞춰 전 세계 경제 협력을 이끄는 기구인

OECD에서는 윤리적인 AI를 위한 다섯 가지 원칙을 발표하기도 했습니다. 가장 중요한 '인간 중심의 가치'와 더불어 '공정성', '투명성', '포용적 성장', '지속 가능성'이 포함되었습니다. 지금부터 이러한 인간 중심의 가치를 담고 있는 AI 기술들을 살펴보겠습니다.

■ 프로젝트 릴레이트 Project Relate

구글이 뇌졸중, 치매, 루게릭병 등을 앓고 있어서 정확한 발음을 구사하기 어려운 사람들의 언어를 AI가 듣고 이를 받아 써 주는 기술을 공개했습니다. 구글의 테크니컬 프로그램 매니저는 매체를 통해 현재 프로젝트 릴레이트로 도움받을 수 있는 사람이 전 세계에 약 2억 5000만 명에 달한다고 이야기했습니다. 정말 놀라운 숫자입니다.

프로젝트 릴레이트는 '듣기', '따라 하기', '어시스턴트' 세 가지 기능을 제공합니다. 듣기는 AI가 환자의 말을 듣고 텍스트로 옮겨 주는 기능입니다. 따라 하기는 환자가 말을 하면 컴퓨터가 조금 더 분명한 음성으로 다시 말해 주는 기능입니다. 어시스턴트는 환자가 한 말을 '구글 어시스턴트'로 전달하여 음악을 재생하거나 맛집을 검색하고, 전화를 거는 기능을 제공합니다.

AI를 이처럼 좋은 방향으로 사용한다면 약자도 소외되지 않고 사회 구성원으로 어울려 살아가는 세상을 만들어 가는 데 도움이 될 것입니다.

■ 표절 적발

디지털 편집 기술의 발달로 예전에 비해 콘텐츠를 베끼기가 무척 쉬워졌습니다. 그래서 음악, 미술 등 다양한 분야에서 교묘한 표절 작품들이 나오고 있습니다. 세상에는 이제 너무 많은 작품이 존재하기 때문에 인간이 어떤 작품을 표절했는지 일일이 비교하는 건 불가능합니다. 그런데 AI가 이를 대신 확인해 준다면 어떨까요? AI는 대량의 정보를 인간보다 빠르게 검색할 수 있습니다. 이로써 작품 간의 유사한 맥락도 파악 가능합니다. 현재 이미지나 텍스트, 오디오 등에 대한 표절 적발 기술은 엄청난 속도로 발전하고 있습니다.

■ 필드 오브 비전 Field of Vision

시각장애인들도 이제 축구 게임을 즐길 수 있습니다. 필드 오브 비전이라는 기술은 현재 진행되는 축구 경기를 AI 알고리즘이 파악해 공의 움직임을 자석의 위치로 알려 줍니다. 사용자는 게임판 위의 자석에 손을 대고 있으면 공의 위치는 물론이고 진동의 종류로 패스나 드리블, 태클 같은 정보들을 알 수 있습니다.

지금까지 AI 기술의 명암을 살펴보았습니다. 앞으로 인류는 AI와 더 밀접한 삶을 살아가게 될 것입니다. 따라서 여러분이 이 책을 덮은 후에도 '인간 지향'이라는 방향성 아래 AI와 조화를 이룰 다양한 방법에 지속적으로 관심을 가져야 합니다. 그 중심에는 윤리적인 부분이 반드시 보장되어야 한다는 사실 또한 잊지 않았으면 합니다.

챗GPT
현명하게 이용하기

이제는 '아는 만큼 보인다'가 아니라 '질문하는 만큼 보인다'로 말을 바꿔야 할지 모르겠습니다. 궁금한 것이 생기면 검색창이 아닌 AI에게 질문하는 시대가 열렸기 때문인데요, 바로 챗GPT 이야기입니다. 챗GPT는 미국의 AI 연구재단인 오픈 AIOpen AI가 2022년에 공개한 대화형 인공지능 챗봇입니다. 서비스가 공개되고 단 5일 만에 100만 유저를 모았습니다. 100만 유저를 모으는 데 넷플릭스가 3.5년, 페이스북이 10개월 걸린 것에 비하면 정말 놀랄 만한 속도입니다.

그렇다면 대체 어떤 매력이 챗GPT의 눈부신 성장을 만들어낸 것일까요? 챗GPT와 같은 챗봇을 마치 사람과 대화하는 것 같다고 해서 '대화형 인공지능'이라고 부릅니다. 저는 챗GPT의 성공 요인이 대화형 인공지능이 가지는 높은 호환성에 있다고 생각합니다. 다음은 제가 일상에서 챗GPT의 도움을 받고 있는 것들입니다.

1) 업무에 대한 조언

2) 글 쓰기 주제에 대한 조언

3) 일상생활에서의 팁

이외에도 사람을 대신해 웹사이트에서 고객 지원이나 챗봇 같은 시스템을 구축할 수 있습니다. 검색 엔진을 대신해 정보를 검색하고 공부에 활용할 수도 있습니다. 저는 최근에 챗GPT로 영어 공부하는 재미에 빠졌습니다. 여러분들도 아래처럼 한국어를 영어로 번역하는 질문으로 공부를 시작할 수 있습니다.

만나서 반가워를 영어로 해줘

"만나서 반가워"를 영어로는 "Nice to meet you"입니다.

챗GPT의 답변을 보고 조금 더 공손한 표현으로 수정할 수
도 있습니다.

영어로 공손하게 만나서 반가워를 알려줘

영어로 공손하게 "만나서 반가워"를 표현하려면, 다음과 같은 표현을 사용할 수 있습니다:

* Nice to meet you.
* Pleased to meet you.
* It's a pleasure to meet you.
* Delighted to make your acquaintance.
* How do you do? (이것은 영국에서는 인사말로 많이 사용되며, "How do you do?"라고 말하면 상대방
  도 같은 표현으로 대답하게 됩니다.)

질문에 따라 다음처럼 다양한 표현을 배울 수도 있습니다.

오랜만에 만난 친구에게 할 수 있는 다양한 영어 표현을 알려줘

친구를 오랜만에 만났을 때 사용할 수 있는 다양한 영어 표현들이 있습니다. 다음은 몇 가지 예시입니다:

1. Long time no see! (오랜만이야!)
2. It's been ages since we last met. (우리 마지막으로 만난 지 정말 오래됐네.)
3. It's been such a long time! (정말 오랜만이야!)
4. It feels like forever since we last hung out. (우리가 마지막으로 놀았던 게 영원한 것 같아.)
5. I've missed you! (너가 정말 그립다!)
6. How have you been? (잘 지냈어?)
7. What have you been up to? (뭐하고 지냈어?)
8. It's so good to see you again! (다시 만나서 정말 좋아!)
9. Time flies, doesn't it? (시간 참 빠르지 않아?)
10. Let's catch up! (잠담 좀 나눠보자!)

이런 표현들을 사용하면 친구와의 만남이 더 즐겁고 편안해질 것입니다. 친구와 오랜만에 만난 것을 즐기세
요!

이 외에도 문장에서 이해가 잘 되지 않는 부분을 따로 떼서 질문하면 더 자세히 알려 주기도 합니다. 아예 영어 문장을 통으로 해석해 달라고 하는 것도 가능합니다. 하지만 아직은 기술 수준이 성장 단계에 있어 틀린 문법을 알려 주거나 외국 사람들이 보기에 어색한 표현이 있을 수 있습니다. 구글 검색 후 상위 결과물과 비교해 보거나 전문가의 의견을 참고하는 습관을 함께 길러야 합니다.

챗GPT는 앞서 살펴본 것처럼 여러 방면으로 도움을 받을 수 있는 획기적인 기술이지만, 모든 기술이 그렇듯 한계도 존재합니다.

■ 질문에 따라 틀린 답을 주는 경우가 있다

구글 검색창에 키워드를 입력하면 다양한 결과가 나옵니다. 그중 상위에 노출된 결과들은 많은 사람의 선택을 받은 것입니다. 이는 곧 답변에 대한 높은 신뢰도를 뜻하기도 합니다. 검색 후 나오는 다양한 선택지에서 해답을 찾는 것은 어디까지나 사람의 몫이었습니다. 그런데 챗GPT는 한 번의 물음에 즉각적으로 답변을 줍니다. 만약 질문자가 챗GPT에 지나치게 의존한다면 다음 예처럼 틀린 답이 나왔을 때 문제가 될 수 있습니다. 챗GPT가

완벽한 답만을 주지는 않는다고 생각하고 맹신하지 않는 것이 무엇보다 중요합니다.

> 조선왕조실록에 기록된 세종대왕의 아이폰 던짐 사건에 대해 알려줘

> 조선왕조실록에 기록된 세종대왕의 아이폰 던짐 사건은, 세종대왕이 신하들과 함께 음식을 먹던 중 아이폰이 제대로 작동하지 않아 세종대왕이 직접 아이폰을 던지는 장면이 담겨져 있는 이야기입니다.
>
> 세종대왕은 아이폰이 동작하지 않아 짜증을 내며 "이게 뭐냐! 이게 아이폰이냐"라고 말했습니다. 그리고 아이폰을 들고 있던 한 신하에게 "좀 봐봐, 이게 뭐냐"며 아이폰을 던졌습니다. 이에 대한 신하의 반응은 실록에 기록되어 있지 않습니다.
>
> 이 이야기는 세종대왕이 과학 기술에 대한 관심과 현실적인 문제 해결에 대한 열정을 가졌음을 보여주는 에피소드로 널리 알려져 있습니다.

가상의 사건에 대해 질문하자 허구로 대답하는 챗GPT

■ 부정적인 피드백을 잘 못한다

흥미롭게도 챗GPT가 이야기하는 답에 반박하기 시작하면 급격히 자신감이 떨어져 보이는 모습을 볼 수 있습니다. 더불어 모호한 물음을 던지면 책잡히지 않을 답변으로 우회하기도 합니다. 이는 대화형 인공지능이 틀리지 않는 답을 주는 것에 최적화되어 있기 때문입니다. 챗GPT를 이용할 때 답변에 대한 신뢰도가 낮다면 부정적인 피드백을 해 보는 것이 결과물의 신뢰도를

높이는 데 도움이 됩니다.

한국의 수도는 서울이야?

네, 한국의 수도는 서울입니다. 서울은 대한민국의 정치, 경제, 문화, 교육, 교통 등의 중심지로서, 국내외에서 매년 수많은 방문객들이 방문하는 대표적인 도시입니다.

아닌 것 같은데?

죄송합니다, 제가 잘못 알았습니다. 1948년 8월 15일 대한민국이 수립된 이후로 대한민국의 수도는 서울입니다. 그 이전에는 한양(서울의 예전 이름)이 대한제국의 수도였습니다. 다시 한 번, 저의 부적절한 답변에 대해 사과드립니다.

대구 아니야?

제가 이전에 대답드린 내용이 잘못되었습니다. 대한민국의 수도는 서울이 맞습니다. 대구는 대한민국의 도시 중 하나이며, 경상북도의 중심지이며 경북의 경제, 문화, 교육 중심지 중 하나입니다. 저의 부적절한 답변으로 혼동을 드려 죄송합니다.

부정적인 피드백을 받은 챗GPT

■ 숫자나 상징의 상관관계를 인간처럼 이해하지 않는다

인간은 사칙연산의 원리를 깨우치면 어떠한 숫자가 나와도 응용할 수 있습니다. 그런데 챗GPT는 수많은 데이터를 언어적인 학습으로 배웠기 때문에 확률이 높은 것을 제시할 뿐입니다. 따라서 새로운 수학 개념이나 상징이 나오면 업데이트를 해 줘야 합니다. 이는 인과관계를 따져 옳고 그름을 판단하는 인간의 지식과 AI 언어가 학습한 지식의 근본적인 차이를 잘 보여 줍니다.

■ 답변에 젠더 편향이 숨어 있을 수 있다.

우리가 일상에서 사용하는 단어에는 특정 성별이 내재화되어 있는 경우가 있습니다. 간호사, 목수, 소방관, 복서 등을 떠올려 보면 쉽습니다. 챗GPT가 학습하는 데이터도 이러한 젠더 편향을 피해 갈 수는 없습니다. 챗GPT 같은 언어 모델을 사전 학습시킬 때 가장 많이 사용되는 재료는 위키피디아 같은 방대한 언어 뭉치입니다. 그런데 위키피디아 데이터 중 여성 인물의 비중은 15.5%에 불과합니다. 이러한 데이터의 불균형은 남녀 차별은 물론 퀴어나 인종 차별에 대한 편향까지 나아가게 됩니다. 언어 모델은 인간의 언어에 묻은 편향까지 같이 학습하기 때문이죠. 따라서 챗GPT가 내놓는 답변에 숨은 편견들이 있을 수 있다는 점을 고려해 충분한 거리감을 확보하며 기술을 활용하는 것이 무엇보다 중요합니다.

지금까지 새롭게 등장해 여러 분야에서 뜨거운 화두로 떠오른 챗GPT의 활용 방법과 한계점을 살펴보았습니다. 챗GPT는 앞으로 더 완벽해질 것입니다. 답변은 더 정교해질 것이고 인간과 더욱 유사한 대화가 가능해질 것입니다. 하지만 사물의 인과관계를 파악해 현상의 옳고 그름을 판단하는 인간의 윤리적 사고 수준까지 도달하기란 쉽지 않아 보입니다. 따라서 인간이 기술에게 대체되지 않을 수 있는 방법은 아이러니하게도 기술을 맹목적으로 쫓지 않고 인간적인 측면을 지키며 인간성을 잘 가꾸는 것이 될지 모릅니다. 챗GPT를 현명하게 사용하는 방법을 다시 한번 정리하며 이번 장을 마치겠습니다.

- 기술에 맹목적으로 의존하지 않는다.
- 챗GPT의 답변을 다른 채널을 활용해 팩트 체크 하는 습관을 기른다.
- 챗GPT의 답을 그대로 적용하지 않고 종합해 내가 직접 생각한 답을 낸다.

나가며

여러분이 살고 있는 오늘은 디지털 시대입니다. 현재를 잘 살기 위해 우리는 디지털 세상을 세상 잘 이해할 필요가 있습니다. 유용한 정보를 찾고 친구와 소통하며 때로는 디지털 도구로 작품도 만들어 내는 세상에서 디지털 기술에 대한 건강한 비판 의식을 가지지 못한다면 자칫 여러분은 수동적 존재가 될 수 있습니다. 기술은 우리 발걸음이 닿는 곳 어디에나 있기 때문입니다.

책 전체에 걸쳐 다룬 소셜 미디어의 무서움 역시 이에 포함됩니다. 여러분이 소셜 미디어에 머무는 시간 자체가 그들에게는 상품입니다. 오늘의 내 기분과 행동에 맞는 피드를 내보내고 때로는 예쁜 상품으로 여러분을 유혹합니다. 따라서 소셜 미디어에서 콘텐츠나 물건을 소비할 때는 신중하게 판단해야 합니다. 이를 위해 모바일 사용 시간을 단축하는 방법과 앱에서 심리적 사각지대를 이용해 사용자의 중독을 유도하는 메커니즘도 다뤘습니다. 이 책에 소개된 다양한 방법으로 디지털 세상과 현실 사이의 균형을 찾는다면 타인과의 과도한 비교나 보상심리에서 오는 스트레스에서도 한결 자유로워질 것입니다.

디지털 도구는 분명 우리 삶을 풍요롭게 만들었습니다. 하지만 도구를 제대로 활용하는 데는 많은 노력이 필요합니다. 어떻게 활용하느냐에 따라 엄청난 부작용을 낳기 때문입니다. 이 사실을 실감하는 것만으로도 스스로를 지키며 세상을 균형 있게 바라보는 사람에 가까워질 수 있다고 믿습니다. 내일의 디지털 풍경은 여러분이 오늘 가지는 마음가짐에 따라 달라질 것입니다.

이 책이 여러분에게 디지털 세상의 이면을 들여다보고, 저마다의 답을 주장하는 이 분주한 세상에서 진실에 도달하려는 태도를 기르는 데 도움이 되길 바랍니다.